A Linguagem das Coisas

Tradução de
Adalgisa Campos da Silva

intrínseca

TÍTULO ORIGINAL
The Language of Things

PREPARAÇÃO
Leny Cordeiro

REVISÃO
Umberto Figueiredo Pinto
Maria de Fátima Maciel

CAPA
YES

ADAPTAÇÃO E DIAGRAMAÇÃO
Editoriarte

CIP-BRASIL. CATALOGAÇÃO-NA-FONTE
SINDICATO NACIONAL DOS EDITORES DE LIVROS, RJ

S941

Sudjic, Deyan
A linguagem das coisas / Deyan Sudjic ; tradução de Adalgisa Campos da Silva. – Rio de Janeiro : Intrínseca, 2010.
224p. : il.

Tradução de: The Language of Things
Inclui índice
ISBN 978-85-98078-76-2

1. Desenho (Projetos) – Filosofia. 2. Desenho (Projetos) – Aspectos sociais.
I. Título.

10-0140. CDD: 745.4
CDU: 745

[2010]

EDITORA INTRÍNSECA LTDA.
Rua dos Oitis, 50
22451-050 – Gávea
Rio de Janeiro – RJ
Tel./Fax: (21) 3206-7400
www.intrinseca.com.br

Sumário

Introdução

Um mundo afogado em objetos

Um mundo afogado em objetos

Nunca possuímos tantas coisas como hoje, mesmo que as utilizemos cada vez menos. As casas em que passamos tão pouco tempo são repletas de objetos. Temos uma tela de plasma em cada aposento, substituindo televisores de raios catódicos que há apenas cinco anos eram de última geração. Temos armários cheios de lençóis; acabamos de descobrir um interesse obsessivo pelo "número de fios". Temos guarda-roupas com pilhas de sapatos. Temos prateleiras de CDs e salas cheias de jogos eletrônicos e computadores. Temos jardins equipados com carrinhos de mão, tesouras, podões e cortadores de grama. Temos máquinas de remo em que nunca nos exercitamos, mesas de jantar em que não comemos e fornos triplos em que não cozinhamos. São os nossos brinquedos: consolos às pressões incessantes por conseguir o dinheiro para comprá-los, e que, em nossa busca deles nos infantilizam.

A classe média tem cozinhas repletas de aparelhos elétricos comprados na esperança de que nos tragam a sonhada realização doméstica. Exatamente como quando as marcas de moda põem seus nomes em roupas infantis, uma cozinha nova de aço inoxidável nos concede o álibi do altruísmo quando a compramos. Sentimo-nos seguros acreditando não se tratar de caprichos, mas de investimentos na família. E nossos filhos possuem brinquedos de verdade: caixas e caixas de brinquedos que eles deixam de lado em questão de dias. E, com infâncias cada vez mais curtas, a natureza desses brinquedos também mudou. O McDonald's se tornou o maior distribuidor mundial de brinquedos, quase todos usados para fazer merchandising de marcas ligadas a filmes.

Os bens que possuímos também nunca foram tão grandes. Incharam para combinar com a epidemia de obesidade que assola a maioria das culturas ocidentais. Em parte, isso decorre do fenômeno conhecido como maturidade do produto. Quando todo mundo que for comprar um televisor já tiver feito isso, só resta aos fabricantes convencer os proprietários a substituir seus aparelhos antigos inventando uma categoria nova. Às vezes, é uma miniversão, mas, se depender do fabricante, será maior, e portanto melhor do que os modelos anteriores. Assim, as telas de tevê passaram de 28 para 60 polegadas. Os fornos domésticos se transformaram em conjuntos de forno e fogão. As geladeiras viraram guarda-roupas abarrotados.

Como gansos alimentados à força com grãos até seus fígados explodirem para virar *foie gras*, somos uma geração nascida para consumir. Os gansos se apavoram quando o homem se aproxima pronto para lhes enfiar um funil de metal goela abaixo, enquanto lutamos por nossa vez de chegar ao cocho que nos fornece o dilúvio sem fim de objetos que constituem nosso mundo. Há quem acampe em frente a lojas da Apple para ser o primeiro a comprar um iPhone. Há quem pague qualquer preço para colecionar réplicas de tênis de corrida dos anos 1970. Há até quem use o Bentley Arnage para dizer aos jogadores de futebol da primeira divisão que vale 10 milhões de libras, e não os 2,5 milhões necessários para adquirir um Continental.

As complexidades de séries, procedência e linhagem dos modelos sustentam uma pornografia extasiada que transforma em fetiche óculos de sol e canetas-tinteiro, sapatos e bicicletas e quase tudo o que possa ser trocado, colecionado, categorizado, organizado e, em última análise, possuído.

É bem possível que estejamos à beira de uma onda de repulsa ao fenômeno do desejo por tudo o que é fabricado, a toda a avalanche de produtos que ameaça nos soterrar. No entanto, ainda não há sinal disso, apesar do surgimento da ansiedade apocalíptica pelo terrível destino que nos espera se continuarmos nessa farra sem limites. Nem a volta da venda de indulgências, prática abandonada pela Igreja medieval e agora ressuscitada na forma de pagamentos pelo carbono emitido, está nos impedindo de trocar de telefone celular a cada seis meses.

Na minha vida, devo admitir que andei fascinado pelo brilho do consumo e ao mesmo tempo enojado e com vergonha de mim mesmo diante do volume do que nós todos consumimos e da atração superficial, mas forte, que a fábrica do querer exerce sobre nós.

Os objetos, muitos acreditam, são uma realidade indiscutível do dia a dia. Dieter Rams, que por duas décadas foi o diretor de design da Braun, a empresa alemã de aparelhos de consumo eletrônicos, era um deles. Ele descrevia os barbeadores e liquidificadores da Braun como mordomos ingleses, discretamente invisíveis quando não são necessários, mas sempre prontos para atuar sem esforço quando chamados. Tais coisas se tornaram muito mais que isso.

"Roupas, comida, carros, cosméticos, banhos, sol são coisas de verdade a ser usufruídas em si", afirmou John Berger em *Modos de ver* (1972), a análise contemporânea da cultura visual mais lida, dentre as publicadas nos últimos 50 anos. Berger fez uma distinção entre objetos "de verdade" e o que via como as manipulações do capitalismo que nos fazem querer consumi-los. "É importante (...) não confundir a publicidade com o prazer ou os benefícios dos objetos anunciados e que serão usufruídos", defendia. "A publicidade começa trabalhando em cima de um apetite natural para o prazer. Mas não pode oferecer o objeto real do prazer."

Berger escreveu *Modos de ver* de uma perspectiva desconfortável, a meio caminho entre Karl Marx e Walter Benjamin. Seu livro foi uma tentativa de demolir a tradição convencional que envolve o conceito de *connaisseur* e estabelecer uma compreensão mais política do mundo visual.

> A publicidade é a vida dessa cultura [a cultura do capitalismo] — na medida em que, sem a publicidade, o capitalismo não pode sobreviver — e ao mesmo tempo a publicidade é o seu sonho.
>
> O capitalismo sobrevive à custa de forçar a maioria, a quem explora, a definir seus próprios interesses tão estreitamente quanto possível. Já se chegou a isso pela privação prolongada. Hoje, nos países desenvolvidos, chega-se pela imposição de um falso padrão do que é desejável e do que não é.

Mesmo antes do colapso do comunismo e da explosão das economias da China e da Índia, compreender os objetos era mais complicado do que isso. Não só a iconografia dos anúncios é organizada para fabricar desejo. Mesmo as coisas "reais", que Berger considera dotadas de características autênticas — o carro com a porta que fecha com um trinco caro e que evoca uma tradição de 60 anos ao fazê-lo, a aeronave que integra eficiência de combustível a uma engenharia elegante, e que torna possível o turismo de massa —, são em si mesmas suscetíveis ao mesmo nível de análise que ele aplica aos retratos tardios de Frans Hals e a alegorias de Botticelli. São calculadamente planejadas para obter uma resposta emocional. Os objetos podem ser belos, geniais, engenhosos, sofisticados, mas também grosseiros, banais ou malévolos.

Se Berger estivesse escrevendo *Modos de ver* hoje, o que ele chama de "publicidade" poderia ter sido descrito como "design". Certamente não faltam pessoas que passaram a entender a palavra num sentido tão negativo quanto a forma como Berger via a publicidade.

O uso exagerado da palavra "designer" a esvaziou de significados, ou a transformou em sinônimo de cínico e manipulador. Bulthaup, um fabricante alemão de cozinhas cujos produtos são acessórios essenciais em qualquer interior que valorize o design, até proíbe o uso da palavra "design" em quaisquer de seus anúncios. Todavia, o design de objetos pode oferecer uma forma poderosa de ver o mundo. O livro de Berger pertence a uma literatura sobre arte em que já não há espaço para quase mais nada. Mas desde que Roland Barthes escreveu *Mitologias*, em 1957, e desde as imprecisões de *O sistema dos objetos*, de Jean Baudrillard, lançado uma década depois, poucos críticos submeteram o design à mesma análise minuciosa. Trata-se de uma triste falha. O historiador de arquitetura Adrian Forty se aproxima do ponto de vista de Berger com seu livro *Objetos de desejo* (1986). Mas, com o mundo dos objetos explodindo de forma tão convulsiva, espargindo produtos para todos os lados sem parar, há uma narrativa convencional do surgimento do modernismo como o *deus ex machina* que dá sentido à era da máquina, que deve ser contada de forma diferente — quantitativa e qualitativamente.

Barthes e Baudrillard não tinham o menor interesse em qualquer discussão do papel do designer, preferindo olhar a disposição dos objetos como a manifestação física de uma psicologia de massas. Baudrillard, por exemplo, dizia ver o interior moderno não como o produto do design fruto de uma atividade criativa, mas sim como o triunfo dos valores burgueses sobre uma realidade anterior, mais prosaica:

> Temos mais liberdade nos interiores modernos, mas essa liberdade é acompanhada por um formalismo mais sutil e uma nova moral. Tudo agora indica a transição obrigatória do ato de comer, dormir e procriar para o de fumar, beber, receber, discutir, olhar e ler. As funções viscerais deram lugar a funções determinadas pela cultura. O aparador abrigava roupa de cama, louça ou comida. Os elementos funcionais de hoje armazenam livros, bibelôs, um bar ou permanecem vazios.

Mas essas são alegações tendenciosas de um homem urbano. Em vez de reprimir nossos desejos primitivos, parece que nossa cultura material tem mais interesse em se entregar a eles.

Nossa relação com nossas posses nunca é direta. É uma mescla complexa de ciência e inocência. Os objetos estão longe de serem tão inocentes como sugeriu Berger, e é isso que os torna interessantes demais para ser ignorados.

Capítulo Um

Linguagem

Para começar com o objeto mais à mão, o laptop com que escrevo estas palavras foi comprado numa filial de aeroporto da Dixons. Ninguém além de mim pode ser responsabilizado por minha escolha. Nem mesmo o que Berger chamou de publicidade. Algumas lojas são planejadas para seduzir os clientes. Outras os deixam em paz para que se decidam sozinhos.

A Dior e a Prada contratam arquitetos vencedores do Pritzker Prize para construírem lojas na escala da grande ópera a fim de reduzir os compradores a um transe consumista extático. A Dixons, não. Uma loja genérica que venda artigos eletrônicos com descontos em Heathrow não é lugar para seduções, veladas ou escancaradas, das formas mais elaboradas de varejo. E, que eu me lembre, a Dixons jamais se autopromoveu para tentar me convencer a entrar nela, ainda que as empresas cujos produtos ela vende o façam. Num aeroporto, não há espaço nem tempo para ser encantado ou hipnotizado, seja por nuances ou por ironia. As transações ali são do tipo mais bruto. Não há vitrines. Não há homens respeitáveis de dólmã e fones no ouvido para abrir a porta. Não há camadas de embalagens de papel fino para as compras, nem cédulas novinhas para o troco. Há apenas o inevitável burburinho de um monte de objetos empilhados e vendidos, nem tão barato assim, para distrair.

Enquanto as ondas de passageiros da classe econômica passam a caminho do voo das 7h para Düsseldorf, alguns dão uma olhada nas câmeras digitais e nos telefones celulares e um ou outro pega um adaptador de voltagem. De vez em quando um deles saca o cartão de crédito e compra alguma coisa, dando nós nos dedos ao digitar a senha, com medo de perder o avião. O consumo aqui é, à primeira vista, a mais básica das transações — destituída de cerimônia e elaboração, reduzida ao mais essencial. Mas, mesmo num aeroporto, comprar não é uma decisão simples e racional. Como um ator representando sem maquiagem, despojado do arco do proscênio e das luzes da ribalta, o laptop que acabou me persuadindo de que eu tinha de tê-lo fez tudo sozinho.

Foi uma compra baseada num conjunto de seduções e manipulações que só acontecia na minha cabeça, e não num espaço físico.

E entender como o laptop conseguiu fazer com que eu o desejasse a ponto de pagar para levá-lo é entender algo sobre mim mesmo, e talvez também um pouco sobre o papel que o design desempenha no mundo moderno. O fato de que seria a quinta máquina do tipo que eu teria em oito anos com certeza não era a primeira coisa que passava na minha cabeça.

Quando cheguei ao balcão, mesmo que não soubesse, eu já destinara meu velho computador à feira de eletrônicos em Lagos, que é para onde os discos rígidos sem uso seguem para reaproveitamento. Mas o meu falecido laptop não era uma peça obsoleta de tecnologia neolítica transistorizada. Em seu melhor momento, nas primeiras semanas de 2004, se apresentara como a mais desejável e mais inteligente peça de tecnologia que eu algum dia poderia desejar. Era um computador que fora reduzido ao essencial estético. Grande apenas o suficiente para ter um teclado de tamanho natural, tinha uma proporção peculiar, enxuta e elegante entre largura e profundidade. A caixa do monitor e o teclado eram totalmente brancos. O fecho que prendia a tampa piscava de vez em quando para mostrar que guardava um cérebro eletrônico formidável mesmo quando a gente não se dedicava a ele. Você virava a máquina e via uns lampejos de luz esverdeada na barriga dela, dizendo-lhe exatamente a quantidade de carga que ainda restava na bateria de lítio. Este era só mais um detalhe decorativo com um álibi utilitário, mas penetrava diretamente na veia da aquisição.

Os designers da Apple entenderam logo a necessidade de fazer com que o ato de inicializar um computador pela primeira vez fosse tão simples quanto localizar o botão *on*. Eles também se tornaram craques em obsolescência visual.

Quando comprei meu primeiro laptop, na loja da Apple em Nova York, em 2003, de fato achei que iríamos envelhecer juntos. Seria um investimento em meu futuro, um bem tão importante para mim que duraria a vida inteira. Eu sabia perfeitamente que era um objeto fabricado às dezenas de milhares.

Mas, de alguma forma, também parecia ser uma aquisição tão pessoal e envolvente quanto um terno sob medida. Acabou

Lançado em 1999, a série iBook da Apple chegou e foi embora em sete anos, passando do frívolo cítrico ao preto sóbrio do MacBook.

sendo apenas um episódio na transição da Apple da produção de equipamentos científicos para a de objetos de consumo não muito duráveis.

A Apple acha que o caminho para sua sobrevivência num mundo dominado pelos programas de Bill Gates e pelos componentes físicos chineses é usar o design como isca para transformar seus produtos em alternativas almejadas para o que seus concorrentes estão vendendo. Espera vender menos máquinas, mas cobra mais por elas. Isso envolve sedução em série. A empresa precisa tornar seus clientes tão sedentos por um novo produto que joguem fora o último a cada dois anos.

A ideia de que eu pudesse estar sucateando tão depressa algo que pouco tempo antes parecia prometer tanto, em outra época teria sido de uma extravagância inconcebível. Mas esse foi exatamente o sonho dos pioneiros do marketing americano nos anos 1930. Eles estavam determinados a convencer o mundo a consumir para sair da Grande Depressão. O pioneiro da publicidade Earnest Elmo Calkins cunhou o termo "engenharia de consumo". Em *Consumer Engineering: A New Technique for Prosperity*, publicado em 1932, ele sugeria que "os bens são de duas classes: os que utilizamos, como carros e aparelhos de barbear, e os que consumimos, como pasta de dentes ou biscoitos amanteigados. A engenharia de consumo precisa tratar de fazer com que consumamos o tipo de produtos que agora simplesmente utilizamos". A Apple fez isso acontecer, bem no momento em que o mundo está começando a entender que seus recursos naturais são limitados. Isso deu ao implacável ciclo do consumo um verniz chique, ironicamente endossado por alternativos de jeans e camisetas pretos, em vez de terno e gravata.

O precursor imediato do Apple branco que eu tinha foi um aparelho de termoplástico de cor cítrica se semitransparente que consagrou o nome de Jonathan Ive como o Harley Earl da era da informática. Earl foi o designer de Detroit responsável por fazer com que os carros tivessem um rabo de peixe mais alto a cada ano, na década de 1950. Ele foi o mestre criativo do cromo. E Ive, o designer nascido na Grã-Bretanha que se tornou tão parte da identidade da Apple quanto Steve Jobs, fez a mesma coisa com o policarbonato.

A compra do meu laptop novo foi por impulso, mas nem tanto. Sabia que queria uma máquina nova, embora não possa dizer que realmente precisasse, porque a branca, de apenas dois anos, já ficara com a tela inutilizada uma vez. O conserto demorou o espantoso prazo de seis semanas, enquanto a Apple a enviava para Amsterdã para colocar uma nova placa-mãe. Se isso acontecesse outra vez, custaria 60 por cento do preço de uma máquina nova, e a que viria do conserto seria muito inferior em relação ao último modelo no catálogo da Apple. Eu também ainda me lembrava de que fora obrigado a substituir dois teclados porque as letras ficaram apagadas em semanas, depreciando a máquina ainda mais do que eu esperara. Foi nesse estado de espírito que abri a carteira.

Em Heathrow havia dois modelos de Apple à escolha. O primeiro era todo branco, como o meu último. O outro era a opção preto fosco. Embora sua especificação ligeiramente superior o tornasse mais caro, quando bati o olho nele vi que acabaria comprando-o. A versão preta tinha um aspecto elegante, tecnocrático e sereno. A branca purista parecera igualmente sedutora quando a comprei, mas o MacBook preto, em comparação, agora parecia muito calmo, muito digno e casto. As teclas são quadrados com cantos bastante arredondados, ocultos numa bandeja delicadamente erodida do resto da máquina. O efeito é mais de um bloco de mármore preto maciço estranhamente quente, esculpido com habilidade, que de uma tampa em cima de uma caixa de componentes eletrônicos.

O preto é usado há anos por muitos outros fabricantes preocupados com design para sugerir seriedade, mas era uma cor nova para a Apple. Não é coincidência que o preto seja a cor das armas: o símbolo do design sem o fator venda. O preto é uma não cor, usada para instrumentos científicos que contam mais com a precisão do que com a moda para atrair clientes. Não ter cor significa que se está dando a aspirantes a consumidor a honra de levá-los a sério a ponto de não tentar iludi-los com falsos brilhos. É óbvio que este é exatamente o tipo mais eficaz de sedução. E, no fim, o preto também se torna um sinal vazio, um signo sem substância.

Imediatamente após meu laptop novo sair da caixa, ficou claro que, embora a equipe de designers da Apple — a quem se creditava, no fim do manual de instruções, a criação desse prodígio — tivesse sido brilhante, não fora brilhante o suficiente. Eles conseguiram o truque impressionante de esconder uma câmera digital pré-carregada no monitor. Trata-se de um dispositivo que oferece o memorável artifício de prestidigitação de, subitamente, enquanto a pessoa está se registrando on-line, apresentar-lhe sua própria imagem piscando do outro lado. Mas a equipe de design na cidade de Cupertino não atacou um problema tecnicamente menos trabalhoso com a mesma concentração.

Enquanto a máquina é preta, os cabos são brancos. O mesmo ocorrendo com o transformador, uma caixa retangular visualmente agressiva. E como a igualmente desarmônica tomada para alimentação. Não há nada nessa falta de coordenação de cores que faça o computador funcionar com menos fluência, mas fui me decepcionando cada vez mais enquanto desembrulhava minha compra. Como esse portal do futuro poderia ter bases tão precárias, tão incoerentes? Era como se descobrisse o Al Gore ao volante de um Hummer.

O que tem a coerência que parece conferir a autoridade da lógica, do rigor e do cálculo? As origens do vocabulário estético do MacBook se aproximam muito do espírito da Bauhaus, que santificava a geometria do cubo, da esfera e do cone. Para a última geração de seus produtos, a Apple tomou emprestado um padrão formal que sugere modernismo, integridade e uma nobre seriedade (em oposição ao caráter divertido de todo aquele plástico de cores cítricas que costumava vender). Mas a coerência é parte essencial desse padrão. A Apple não conseguiu fazer algo tão óbvio quanto combinar o laptop com os cabos, pondo em dúvida a integridade de todo o conceito. Uma árvore tem coerência: o contorno de sua silhueta, a forma de uma folha, os anéis de seu tronco, a forma de suas raízes, tudo isso é formado pelo mesmo DNA; e tem a mesma categoria. E, num certo nível, queremos que os objetos feitos pelo homem reflitam, ou imitem, essa propriedade. Quando vemos que não a possuem, ficamos decepcionados.

Também decepcionante, embora de um jeito diferente, é a introdução feita pela Apple de uma peça magnética que liga a máquina ao cabo de alimentação. Sem dúvida isso impede que, sem querer, derrubemos a máquina no chão. Se tropeçarmos no cabo, este se desprende com uma pressão mínima. Mas isso também significa que o cabo de alimentação e o transformador do modelo antigo — acessórios que custaram cem libras, quantia que está longe de ser insignificante, quando os comprei avulsos na ocasião em que esqueci os originais no quarto de um hotel em Veneza — são agora absolutamente inúteis.

Para piorar, eu já sabia o impacto que teria naquela superfície esbelta o fato de eu ser dono desse objeto extremamente desejável e desejado. A primeiríssima vez que ele saísse da embalagem plástica protegida com espuma, minhas impressões digitais começariam a gravar marcas indeléveis em seus acabamentos mais que vulneráveis. O *trackpad* começaria a acumular uma película de gordura que, com o passar do tempo, adquiriria o aspecto de um laguinho de patos. A concentração de eletrostática cobriria a tela de cabelo e caspa. Os designers, tão engenhosos e talentosos em tantos aspectos, evidentemente ainda relutavam em reconhecer as imperfeições do corpo humano quando em contato com o mundo digital. Mas para os consumidores mais fiéis há uma forma de proteger um MacBook. Pode-se comprar uma película para embrulhar a máquina como se fosse uma camisinha para o corpo inteiro a fim de isolá-la de todo contato humano.

Os laptops não são, de modo algum, os únicos objetos de consumo a serem traídos pelos donos. Pelo simples uso, podemos destruir quase tudo o que nos persuadimos a adorar. Quando novo, o corpo de plástico coberto de metal do meu telefone celular da Nokia sugeria ser a última palavra em tecnologia. Em poucos meses, sob a pressão constante de meus dedos agitados, virou um horrível pedaço de policarbonato mudo, aparentemente marcado pela mais áspera das doenças de pele, pois o acabamento metálico descascou, revelando um plástico cinza embaixo da superfície polida. E enquanto sua forma física sugeria uma tentativa genuína de criar um objeto com o qual você pudesse querer compartilhar suas horas de vigília, outros aspectos de seu desempenho eram menos atraentes. A sequência de transações e controles na tela para operar sua câmera, ou acessar a Internet, é tão esquisita quanto tentar usar o teclado calçando luvas de soldador.

A ideia de que as coisas que possuímos refletem a passagem do tempo não é um conceito novo. As marcas da vivência já pareceram acrescentar autoridade a um objeto, como aquelas Nikons pretas surradas que os fotógrafos de guerra da era do Vietnã carregavam pelos campos de extermínio do Sudeste Asiático, o logotipo reluzente coberto com adesivo para evitar a atenção de atiradores, o pesado corpo de metal aparecendo onde a tinta preta estava lascada. Esses eram objetos a ser tratados com certo respeito. Eram produtos de artesãos, aparelhos mecânicos engenhosos que, tendo um botão apertado, levantavam o espelho que permitia que se visse através da lente. Tratava-se de objetos que refletiam sua inteligência e seu valor com a pura presença física. Duravam, e duravam, alcançando o desempenho prometido graças ao talento com que os ópticos haviam polido suas lentes e o esmero com que as lâminas metálicas que definiam as aberturas de seu obturador haviam sido desenhadas. Essas não são qualidades que se degradam com os anos.

Os bens que conservamos durante décadas podem ser considerados espelhos de nossas experiências da passagem do tempo. Agora, nossa relação com os novos bens parece muito mais vazia. A atração de um produto é criada e vendida na base de um olhar que não sobrevive ao contato físico. A atração se esvai tão depressa que a paixão acaba quase tão logo a venda é realizada. O desejo fenece muito antes que o objeto envelheça. O desenho industrial começa a parecer uma forma de cirurgia plástica, algo como uma injeção de Botox na testa, suprimindo rugas de expressão para criar uma breve ilusão de beleza. Só os cartões SIM inseridos em nossos telefones têm a capacidade de aprender conosco, marcar nossas amizades e nossas

A Nikon começou a fazer suas câmeras reflex de lente única da série F em 1959. O corpo preto sinalizava que era destinada a profissionais.

rotinas através dos números que gravamos neles, e criar padrões significativos com eles.

Mas estes, como nosso histórico no Google, podem ser tanto fonte de uma paranoia justificada quanto de conforto.

Há uma campanha publicitária eficaz e emocionalmente manipuladora de determinada empresa de relógios suíça cuja propaganda é que você nunca é verdadeiramente o dono de um de seus produtos: apenas cuida dele para a próxima geração. Trata-se de uma percepção da consciência de classe que é outra forma de entender a linguagem dos objetos. Os diários de Alan Clark registram uma descrição ácida de seu colega, o ministro conservador Michael Heseltine, como o tipo de homem que tinha de comprar os próprios móveis. A insinuação era que só a plebe — ou os socialmente desventurados — haveria de querer fazer algo tão vulgar quanto comprar uma mesa de jantar nova, em vez de herdar. (Curiosamente, o pai de Clark, o historiador de arte e ex-diretor da National Gallery Kenneth Clark, é que foi o responsável por *Civilisation*, a série televisiva e o livro complementar que instigaram John Berger a responder com *Modos de ver.*)

Embora consiga de fato sugerir certa aura envolvendo um produto, a campanha do relógio não desafia a natureza essencialmente fugaz e cada vez mais transitória de nossa relação com aquilo que possuímos. Até o fim da década de 1980, uma câmera era planejada para durar a vida inteira. Um telefone era arrendado do governo e construído para aguentar o uso industrial. Uma máquina de escrever era algo que acompanhava um escritor por toda a sua carreira. Ainda tenho a portátil de meu pai. Sua base de papelão laminado descolou e saiu de baixo da caixa de compensado forrada com tecido preto. A ferrugem uniu suas teclas, a campainha emperrou e o *e* em minúscula perfurou a fita esfarrapada em vários lugares. De um ponto de vista prático, ela é totalmente inútil. Mas ainda não consigo jogá-la fora, apesar de saber que, algum dia, quem quer que venha esvaziar a minha casa enfrentará o mesmo dilema que enfrentei. Desfazer-me até mesmo de um objeto inútil para o qual fico sem olhar anos a fio é, de certa forma, me desfazer de parte de uma vida. Mas guardá-lo sem uso é experimentar uma censura muda cada vez que se abre a porta do armário. A mesma censura é projetada por uma estante cheia de livros não lidos. E uma vez lidos, eles perguntam, baixinho a princípio, mas depois cada vez com mais insistência: será que algum dia tornaremos a lê-los?

Muitas categorias de produtos foram não só transformadas e sim completamente eliminadas. Vivemos um período que, como as extinções dos grandes dinossauros, exterminou os bichos que rondavam a paisagem da primeira era industrial. E no rastro das extinções o processo evolutivo se acelerou tão violentamente que fugiu ao controle. Aqueles objetos industriais que sobreviveram têm um ciclo de vida medido em meses, não mais em décadas. Cada nova geração é surpreendida tão depressa que nunca dá tempo de desenvolver uma relação entre dono e objeto.

Só alguns desses objetos inúteis reingressam no ciclo econômico, como parte da curiosa ecologia do colecionismo. Mas colecionar é em si um fetiche muito peculiar que talvez seja mais bem compreendido como tentativa de fazer o tempo voltar. Pode ser também uma tentativa de desafiar a ameaça da mortalidade. Colecionar uma série de objetos é, pelo menos por um momento, ter imposto um sentido de ordem num universo que não tem nenhum.

Os objetos são nossa maneira de medir a passagem de nossas vidas. São o que usamos para nos definir, para sinalizar quem somos, e o que não somos. Ora são as joias que assumem esse papel, ora são os móveis que usamos em nossas casas, ou os objetos pessoais que carregamos conosco, ou as roupas que usamos.

E o design passou a ser a linguagem com que se molda esses objetos e confecciona as mensagens que eles carregam. O papel dos designers mais sofisticados, hoje, tanto é ser contadores de histórias, fazer um design que fale de uma forma que transmita essas mensagens, quanto resolver problemas formais e funcionais. Os designers manipulam essa linguagem com mais ou menos habilidade ou encanto, para transmitir o tipo de história que meu MacBook cochichou no meu ouvido em Heathrow.

William Morris rejeitou a produção industrial e tentou dar uma nova dimensão ao design ao buscar na Idade Média padronagens ornamentais derivadas da natureza para seu trabalho.

Para entender a linguagem do design precisamos entender a evolução do designer como profissional. Desde que essa atividade surgiu como prática distinta, intimamente ligada ao desenvolvimento do sistema industrial em fins do século XVIII, os designers deixaram de se considerar reformadores sociais, idealistas, profundamente desafinados com sua época, como William Morris na Inglaterra do século XIX, para se tornarem os carismáticos vendedores de panaceias comandados por Raymond Loewy nos Estados Unidos de meados do século XX. Morris odiava a era da máquina e tentou encontrar uma forma de recriar a tradição do objeto feito à mão. Loewy chegou a prometer otimizar a curva de vendas.

Para Morris, o que ele via como alegria do trabalho era a motivação para criar bens do dia a dia expressivos. Ele queria eliminar a decoração "sem vida" mecanicamente aplicada dos vitorianos da década de 1850, substituí-la por formas simples e diretas que remetiam à Idade Média e, ao mesmo tempo, estabeleciam um marco para o futuro. Como um rapaz precoce de 17 anos em 1851, ele foi levado pela mãe para ver a Grande Exposição, a triunfante celebração do príncipe Albert da Revolução Industrial. Mas Morris estava tão obstinadamente convicto de que todas as manifestações da era da máquina eram uma afronta à humanidade, além de inúteis do ponto de vista estético, que preferiu ficar de fora. Recusou-se a entrar no Palácio de Cristal, certo de que não encontraria nada senão lixo espalhafatoso lá dentro. E, num sentido, ele estava certo: a brilhante estrutura pré-fabricada de ferro fundido e vidro de Joseph Paxton continha, entre muitas outras coisas, a Vênus de Milo esculpida em manteiga.

Mas, apesar de sua mensagem social progressista, Morris depois contava com trabalhadores de 13 anos em sua fábrica de tapetes em Merton Abbey. Ele não era apenas um socialista revolucionário, era também um designer de papéis de paredes — uma combinação que poderia ter sido inventada por um satirista. E viu que seu negócio de decoração dependia do que ele mesmo descrevia como algo que explorava o luxo calhorda dos ricos. Morris virou um socialista libertário, um pioneiro da luta pela emancipação das mulheres e do movimento contra o colonialismo, mesmo quando vivia da renda das ações de minas que o pai lhe deixara.

Como alternativa à visão de mundo representada pelo Palácio de Cristal, Morris oferecia um refúgio romântico na nostalgia pré-rafaelita. Ele adorava prédios antigos, a zona rural, sagas islandesas e métodos tradicionais; odiava máquinas, estradas de ferro, cidades grandes e zonas residenciais da periferia. Sua visão exerce desde então poderosa influência na imaginação inglesa. O sonho rural de Morris tem uma incômoda repercussão na tendência dos novos-ricos de se retirarem da cidade em que ganharam seu dinheiro para mansões de Wiltshire e reagirem indignados a tentativas de construção de conjuntos residenciais nas proximidades.

Morris desenhou padronagens de tecidos e papéis de parede que muita gente ainda adora usar. Já Raymond Loewy só queria ajudar a Lucky Strike a vender mais cigarros mudando a cor dos maços que os acondicionavam. Apesar de suas afirmações veementes sobre ele ter desenhado o Air Force One para Jack Kennedy, a garrafa de Coca-Cola e a nave espacial da NASA, quando começou sua carreira em Nova York após a Primeira Guerra Mundial ele era um engenheiro francês sem um tostão, recém-desembarcado, trabalhando como ilustrador de moda e vitrinista.

Loewy ofereceu uma versão mais hábil e mais suave do que o design pode ser. Transformou limpadores, mimeógrafos e apontadores de lápis em objetos-fetiche atraentes, usados como acessórios para definir o local de trabalho moderno. Desenhou um dos produtos mais deslumbrantes de seu tempo — em particular, suas locomotivas a vapor aerodinâmicas de formas arredondadas que marcaram o fim da era das ferrovias. Mas também construiu uma versão idealizada de seu escritório no Metropolitan Museum em Nova York, e contratou um publicitário para ajudá-lo a chegar à capa da revista *Time*. Foi brilhante ao assumir atitudes posando para as câmeras, encarapitado no estribo de uma de "suas" locomotivas.

Mais ou menos no meio dessas duas versões de design está a ideia de que o design é um serviço público. É notável que, na

A maior criação de Raymond Loewy talvez tenha sido a sua própria imagem: a personificação da nova linhagem de designers, que se empenhavam em otimizar a curva de vendas de qualquer coisa, de locomotivas a cigarros.

Grã-Bretanha, uma das primeiras experiências de desenho industrial surgidas nos anos 1940 se intitulasse Design Research Unit, um nome calculado para sugerir se tratar de um ramo da previdência social mais do que qualquer tipo de atividade comercial, embora tenha começado de fato como a subsidiária de uma agência de publicidade.

Pouco antes disso, móveis da Utility, marca criada na Segunda Guerra, que produzia de acordo com especificações do governo camas, sofás e mesas, eram oferecidos a recém-casados e a famílias vítimas de bombardeios como modelo funcional. Muito provavelmente, foram também responsáveis por colocar uma geração de consumidores contra a ideia de design moderno, um fenômeno que começara a ser inextricavelmente associado na mente de muitos à escassez, à privação e à imposição condescendente do bom gosto de uma elite privilegiada a seus inferiores sociais.

Seguindo os passos de Loewy hoje está Philippe Starck. Ninguém resume melhor a versão contemporânea do designer como celebridade, capaz de transformar objetos domésticos anônimos com sua assinatura.

Por mais ou menos cinco minutos em 1984 o bar mais elegante da rua mais elegante em Paris se chamava Café Costes. Isso foi na época em que o Spandau Ballet era considerado uma força musical e arregaçar as mangas do paletó era fazer uma declaração de moda pertinente. Não era a comida nem a carta de vinhos que faziam as pessoas lotarem o Café Costes. Era a chance de passar meia hora sentado numa cadeira de três pés no primeiríssimo interior criado por Starck, aguardando um café que nunca chegava.

Starck chamou o visual do Café Costes de "sala de espera da terceira classe da estação ferroviária de Budapeste por volta de 1956". Havia uma escada íngreme, um relógio gigantesco ocupando quase uma parede inteira, e aquela cadeira. A cadeira tinha uma estrutura quase *art déco* de compensado imitando mogno sustentada por três pés de aço pretos "para ajudar os garçons, pois lhes dá menos em que tropeçar", como dizia Starck. Mas, antes que se pudesse verificar se o que ele dizia era verdade, o Café Costes caíra num esquecimento mais triste ainda do que a melancolia da Europa Central sob Stálin. Os elegantes foram em frente, deixando as cadeiras para mochileiros, e o café logo fechou. Mas foi o Café Costes que deflagrou a praga de chaleiras, hotéis, águas minerais, massas, escovas de dente e toda a parafernália inútil de design que hoje envolve o mundo, a maioria confinada a gavetas esquecidas e prateleiras empoeiradas na cozinha.

Surpreendentemente, Starck, que já foi o designer mais badalado do mundo, que construiu uma carreira baseada tanto na força da sua personalidade quanto na dos objetos que desenha, não mudou. Continua trabalhando com a mesma fórmula, com base numa paleta decorativa bem-elaborada, em saltos de escala surrealistas, numa estilização antropomórfica engraçadinha e no hábito enjoativo de tentar grudar nomes absurdamente impronunciáveis aos objetos do dia a dia. Convidar-nos a entrar na Dixons e pedir um radinho chamado Moa Moa, como ele fez, é uma maldade equivalente à de Frank Zappa quando chamou a filha de Moon Unit. Mas, aos cinquenta e poucos anos, Starck ainda tem a persona de um garoto, procurando constantemente divertir os adultos com suas travessuras ousadas, e ainda dando uma olhadinha para ver se eles aprovaram.

E eles aprovam mesmo. O Centro Georges Pompidou, na esquina do finado Café Costes, apresentou uma retrospectiva de Starck em 2002. A exposição tinha toda a egolatria de Michael Jackson da fase madura, quando o cantor ficou com mania de lançar gigantescas efígies de si mesmo nos principais rios da Europa. Dentro de uma tenda de circo escura, Starck colocou um círculo de cabeças neoclássicas coroadas de louro em cima de pedestais de fibra de vidro de 3 metros imitando mármore. Todas as cabeças tinham os traços alarmantemente realistas do próprio Starck, e proferiam simultaneamente a mesma lenga-lenga na sala escura. Se isso não fosse incoerente o bastante, os efeitos sonoros aleatórios, os fragmentos de música e o próprio Starck pondo-se a cantar ou a emitir latidos incoerentes como se estivesse falando alguma língua numa pregação evangélica colocava a experiência além do

Capítulo Um

Grande contador de histórias, o dom da palavra de Starck, juntamente com seu entusiasmo por cadeiras de três pés, fez que ele fosse notado. Sua tevê de aglomerado moldado para a Thomson alterou brilhantemente a linguagem convencional dos aparelhos eletrônicos de consumo.

limiar da dor. Grupos de espectadores puxavam cadeiras e se esforçavam para entender os fragmentos de sabedoria dos lábios do mestre, movendo-se de um ídolo a outro. Era tão perturbador como participar de uma sessão de terapia de grupo.

Starck certamente fala bem. "Ian Schrager me pediu para desenhar um quarto de hotel de cem dólares a diária em Nova York. Fiquei entusiasmadíssimo. Por uma diária de cem dólares em Nova York a pessoa em geral tem de dormir com ratos." E qualquer um capaz de desenhar o banheiro masculino no último andar do Hotel Península de Hong Kong com um mictório de vidro dando para as luzes de Kowloon está nitidamente preparado para cuspir no prato que comeu só para se divertir. Poderíamos lhe perdoar a egolatria sem limites, se não fosse pelo fato de ele ter aberto as portas para uma geração que ficou com a impressão de que, para ser um gênio do design, basta ter um ego e não conseguir parar de falar. Poderíamos até lhe perdoar a filosofia simplória, se ele não continuasse se apresentando como um iconoclasta de tirar o fôlego derrubando os portões das convenções aonde quer que vá para nos libertar a todos.

Starck pode pensar que está nos contando tudo sobre os sonhos dele e sobre os nossos desejos mais íntimos em seus objetos. Mas ele não nos conta que, por mais que tente, nem seus aparelhos de tevê, de rádio e de CD retrôs brilhantemente concebidos conseguiram melhorar as condições da Thomson, a empresa estatal francesa de aparelhos eletrônicos que os fez. Em última análise, Starck tem só um truque, e é um bom truque: sua visão infantil do mundo. Sua motocicleta para a Aprilla podia ser engraçadinha (em suas palavras: "Tinha as orelhas vermelhas e o nariz escorrendo de um bicho de verdade"), mas não vendeu.

O aparelho Thomson que ele escolheu chamar de Jim Nature mostrou seu verdadeiro talento para jogar com as convenções do desenho industrial e os signos utilizados para sinalizar status e preço. Em vez de revestir a tevê de plástico moldado, mais ou menos liso, Starck voltou à madeira. Nos primórdios da televisão, o aparelho que ocupava o canto de uma sala, apoiado no alto da própria base, talvez coberto com um paninho de linho quando não estivesse ligado, teria um acabamento de laminado laqueado. Starck usou aglomerado. Foi uma extraordinária desconstrução da linguagem dos materiais e dos sinais de luxo.

Há outra visão de design, o extremo oposto da representada por Starck. É a ideia de que a real preocupação do design deve ser buscar uma espécie de verdade e significado intrínsecos, uma visão caracterizada hoje na pessoa de Dieter Rams. Como William Morris, Rams é movido por uma noção do propósito moral do design, embora não compartilhe da aversão de Morris pela era da máquina.

Rams dedicou um esforço e uma paciência enormes ao projeto de objetos perfeitos que poderiam desafiar a moda e superar a passagem do tempo desafiando a redundância visual. Ele sonhou com objetos que se tornariam atemporais ao eliminarem o supérfluo, refletindo antes o rigor intelectual do que o esforço exagerado para agradar. Rams fez a calculadora perfeita, com os cantos arredondados mais caprichados, os botões mais simples e a sequência de funções operacionais mais claras. Mas, com um *páthos* quase insuportável, sua tentativa mais cerebral e mais nobre de pôr o design para além da moda e do tempo culminou na criação de objetos com uma expectativa de vida não muito maior que a de uma das locomotivas a vapor aerodinâmicas de Raymond Loewy. O rádio, as calculadoras e os toca-discos foram todos suplantados não apenas por modelos mais novos e mais modernos, mas também por categorias de objetos inteiramente novas.

E, enfim, até um designer aparentemente tão rigoroso em termos intelectuais como Rams ainda se preocupa com o que um engenheiro pode caracterizar como desenho superficial. Afinal, até que ponto a tecnologia necessária para produzir um barbeador elétrico é inovadora? Será que Rams tinha uma compreensão genuína dos desdobramentos da tecnologia da gravação que ele alojou no primeiro toca-discos doméstico com tampa de acrílico, conhecido como caixão de Branca de Neve, que definiu o gênero por duas décadas? Provavelmente, não. Mas então os físicos, os programadores e os engenheiros que, combinados, tornaram o iPod e o MacBook possíveis para a Apple nunca teriam conseguido fazer um produto comercialmente sedutor sem Jonathan Ive. E Ive nunca teria feito o MacBook do jeito que é se Rams não tivesse existido. O que Rams fez com a tampa de acrílico foi definir o visual que os sistemas de áudio teriam até o momento em que o disco foi suplantado pelo CD.

Em suma, não se pode entender o design olhando-se apenas para o mundo representado por Rams, da mesma forma que a perspectiva de um Raymond Loewy não é suficiente para abarcá-lo. O design trata da criação de objetos anônimos produzidos em massa, por gente que passa muito tempo se preocupando com moldes para injeção, ou com o grau de curva exato necessário para arredondar os cantos da tela de um monitor. Mas também trata da criação de objetos que são bons de tocar e de usar.

As antigas definições de design e as habilidades que sua realização exigia estão sendo marginalizadas pela natureza fugaz dos objetos. A mudança mais perceptível é o modo como tantos artefatos estão convergindo. Antes, havia uma categoria independente de objeto conhecida como telefone, que existia ao lado de outra, inteiramente independente, chamada câmera. E impressora não era o mesmo que copiadora nem aparelho de fax. Agora um único objeto agrupa telefone e câmera, com tocador de MP3, rádio e comunicador de e-mail, assim como acontece com a impressora, a copiadora e o aparelho de fax.

Ao mesmo tempo, o declínio da fabricação de produtos de baixo custo no Ocidente transformou a natureza do processo de design. Peça a um desenhista industrial para "desenhar" uma bicicleta ou um relógio novos e muito provavelmente esse processo envolverá uma viagem à China para, a partir de centenas de alternativas diferentes já prontas, selecionar a maioria dos componentes, depois montá-los de forma a dar ao resultado uma personalidade distinta. Nesse contexto, o design é mais importante do que nunca, mas não é só engenharia. Nem o projeto de componentes originais.

A moderação do trabalho de Dieter Rams para a Braun foi o ponto de partida para o visual que Jonathan Ive deu aos produtos da Apple. Mas, enquanto Rams queria desenhar objetos que durariam para sempre, o iPhone original foi superado em seis meses.

O2-UK
11:23
0
m+
m-
mr
mc
÷
7
8
9
×
4
5
6
+
1
2
3
−
0
.
c
=

Capítulo Um

A discussão sobre a natureza do design não deveria ser polarizada entre estilo e substância. A superfície das coisas importa, mas também precisamos ter a capacidade de entender o que está por baixo. O design já não se baseia em modelos mecânicos. A máquina de escrever tinha partes móveis que o desenhista industrial possivelmente poderia comprimir. Quantas partes móveis há para Jonathan Ive manipular? Até que ponto um conhecimento básico das leis da termodinâmica favorecerá o projeto de um produto eletrônico para o consumidor moderno? O que sobra para um designer lidar é a superfície, a aparência e as nuances semânticas do significado que nos permitem interpretar e entender o que um objeto está tentando nos dizer sobre si mesmo. Essas mensagens vão desde o que um objeto faz, e quanto vale, até o modo de ligá-lo. São questões que estão longe de ser triviais, mas transformam o designer em narrador. E, embora sem dúvida seja verdade que o design é uma linguagem, só quem tem uma história convincente para contar sabe como usar essa linguagem de maneira fluente e eficaz.

Os designers contemporâneos, em síntese, devem lidar com várias definições de seu objetivo. Um par de óculos é tanto um utensílio de caráter medicinal quanto um acessório de moda. As longas associações de óculos com circunspeção presumivelmente são o que basta para dar as conotações de maturidade que os óculos podem conferir a seus usuários. Óculos são uma espécie de joia: modificam a aparência e, assim, a personalidade. Mas, ao mesmo tempo, não queremos que eles quebrem com muita facilidade, nem que forcem nossos olhos.

Quando se compreende a linguagem do design, expressa por forma, cor, textura e imagem de um objeto, há constantes paradoxos entre função e simbolismo a ser considerados. Certas cores são associadas mais ao homem que à mulher. Alguns materiais sugerem luxo.

A pergunta que vale a pena ser feita é: essas propriedades são verdadeiramente intrínsecas ou seus significados são adquiridos pela repetição constante, pela familiaridade e pela convenção, assim como as placas de trânsito ainda usam o pictograma de uma locomotiva a vapor para sugerir uma passagem de nível meio século depois de essas máquinas terem caído em desuso?

Ernesto Nathan Rogers, primo do britânico Richard Rogers, foi o arquiteto italiano responsável pela torre dos anos 1960 mais característica de Milão, a Torre Velasca. Ele sugeriu num artigo que escreveu para a revista *Domus*, em 1946, ser possível, por meio do exame cuidadoso de uma colher, entender o tipo de cidade que a sociedade que a produzira iria construir. Obviamente, estava sendo hiperbólico para causar efeito. Julgar Londres com base no que se encontra ao rasgar o invólucro de celofane da colher de plástico que vem com a refeição All Day Deli da British Airways no voo de Milão a Heathrow daria uma ideia bastante distorcida do lugar. Mesmo assim, suas palavras ainda têm algo curiosamente convincente.

Rogers falava sobre a capacidade dos arquitetos italianos de passar facilmente de talheres para arranha-céus sem pestanejar. E este é um fenômeno que se vê mais hoje em dia, contudo, agora talvez esteja mais ligado à marca — a assinatura do designer começa a significar tanto quanto qualquer coisa diretamente útil que ele possa levar para o projeto. Até que ponto designs, antes anônimos e humildes mas úteis, foram transformados em objetos que exigem ser reconhecidos com base na assinatura do designer, pode ser determinado pela frequência com que a Alessi, ou mais surpreendentemente a rede americana de varejo Target, colocou o retrato do arquiteto pós-moderno Michael Graves na embalagem dos projetos criados por ele.

Sem de fato usar a palavra, Rogers estava fazendo uma defesa vigorosa da importância do design no mundo contemporâneo. A colher pode ser entendida como um fragmento de código genético — fragmento que pode se transformar em qualquer tipo de artefato feito pelo homem. Traços do mesmo código podem ser encontrados em tudo que compartilhe as mesmas raízes — uma cadeira, um carro, uma letra, até uma aeronave, sem falar num arranha-céu ou numa cidade.

Até certo ponto o código é um reflexo de como o objeto é feito, mas também reflete seu significado simbólico.

Capítulo Um

Examine uma colher cuidadosamente, e entenderá o bastante para imaginar como a sociedade que a fez projetaria uma cidade, afirmava Ernesto Rogers.

A questão aqui não é tanto de coerência no sentido de usar os mesmos elementos, formas e cores repetidamente. O que conta é a natureza do raciocínio, e os métodos usados.

Se você questionar a premissa de que os objetos têm um significado além do utilitário, pense um pouco em todo o conteúdo emocional tão além da legibilidade que pode ser captado das mínimas nuances que formam a tipologia de uma letra e lhe dão um caráter. O fato de a letra ser chamada de "caractere" certamente não é coincidência. A letra é perfeitamente capaz de mostrar a personalidade e o caráter humanos.

Compare por um instante a mensagem transmitida pelo uso do tipo Helvética em vez de Gothic numa manchete de jornal e as sutis variações entre esses dois extremos. Na forma de um tipo temos todas as características de um sotaque. Literalmente. Posso ouvir a Suíça quando olho para o Helvética. E quando o movimento nacionalista basco começou a se estabelecer, no final do século XIX, um de seus fundadores fez transcrições obsessivas das inscrições antigas em pedras pelo país afora para inventar uma tipografia especificamente basca. Em parte através da associação e da memória, em parte através de gatilhos e ressonâncias emocionais que traz, um tipo exprime uma gama sem-fim de características, de âmbito ainda mais amplo que a da caligrafia. Mas, enquanto é necessário um grafólogo para decodificar assinaturas individuais, o desenho tipográfico pode se comunicar em nível consciente ou inconsciente com todo mundo, mesmo com quem não conheça o vocabulário do tipo. Mande uma mensagem eletrônica em caixa alta e você sabe que gritou. Lembre-se da convicção do designer gráfico Otl Aicher de que, se a Alemanha não gostasse tanto de maiúsculas, teria sido menos vulnerável à ascensão do fascismo.

A tipografia é, obviamente, um meio de comunicação. Talvez de modo menos óbvio a comunicação esteja não apenas nos significados formais das palavras escritas com tipos de letras. A maneira pela qual esses próprios tipos são organizados, moldados e desenhados passou a oferecer um outro nível de informação. As formas dos tipos transmitem níveis de significado que vão além do

Max Miedinger e Eduard Hoffmann desenharam o tipo Helvética, em 1957, como a personificação da disciplina suíça.

conteúdo literal das próprias palavras. Às vezes isso é discutido em termos de legibilidade, como se o único objetivo da tipografia fosse possibilitar a leitura de uma palavra em quaisquer condições de iluminação, sem ambiguidade de espécie alguma. O sistema de sinalização das rodovias dos Estados Unidos pode ser explicado nesses termos. A notação em caixa-baixa e caixa-alta de topônimos nas formas em negrito e inequívocas do Interstate, como o alfabeto vernáculo da sinalização nos Estados Unidos é conhecido, tem certas tarefas práticas a cumprir. Você precisa saber na chuva, e a 110 quilômetros por hora, que desvio pegar para encontrar seu destino. Mas o Interstate também está lhe dando uma série de outras informações. Quando o vê, você sabe, sem precisar de fato ler nenhuma palavra, que está numa autoestrada. Sabe que está nos Estados Unidos, e não na Grã-Bretanha.

Trata-se de uma linguagem que entendemos mesmo quando usada para finalidades e contextos totalmente diferentes. Uma forma de Interstate começa a aparecer nas manchetes dos jornais britânicos, para sugerir dinamismo e contemporaneidade. É um artifício gráfico que representa um processo comparável à transformação literária de formas de verso heroico para fins satíricos. Ou mesmo à adaptação que os arquitetos neopalladianos fizeram da linguagem arquitetônica do Vêneto para o mundo anglo-saxônico, exatamente como o próprio Palladio tomara emprestadas as formas da Roma antiga. Reduzir ao tamanho de um tabloide uma fonte desenhada para o uso em placas que atravessam uma rodovia de oito pistas tem o impacto de uma explosão num quarto minúsculo. Pelo menos nas primeiras vezes. Depois de algum tempo, o impacto passa. Acostumamo-nos a ser deslumbrados, e nossos sentidos se recalibram para se ajustar ao volume

E se o desenho gráfico pode ser uma linguagem, outras modalidades de criação de forma também podem. Quando trabalhava no Citroën 2CV pouco antes da Segunda Guerra Mundial, o grande engenheiro francês Pierre Boulanger não estava conscientemente tentando fazer um carro com visual francês, embora o carro tenha se tornado exatamente isso — e não só porque havia tantos 2CV

Projetado para ser legível em todas as condições climáticas e a grandes velocidades nas autoestradas americanas, o Interstate transcende a função.

nas estradas da França. O 2CV foi desenhado tendo em mente as peculiaridades do mercado francês. Foi desenhado para ser vendido a um preço ao alcance dos fazendeiros franceses, e construído para ser forte o suficiente para sobreviver nas estradas rurais nos anos 1930. O resultado foi um carro cujo estilo refletia esses requisitos. E era construído com técnicas de metalurgia que refletiam as ideias de Jean Prouvé, o arquiteto-engenheiro essencialmente francês. Se um 2CV fosse colocado ao lado de um Volkswagen, desenhado por Ferdinand Alexander Porsche — com alguma ajuda relutante de um engenheiro tcheco, Hans Ledwinka — para mostrar a proeza industrial teutônica em sua melhor forma e para povoar as *Autobahns* de Hitler, era possível saber na mesma hora qual era alemão e qual era francês.

Do mesmo modo, era possível olhar as cápsulas espaciais soviética e americana que flutuavam na órbita da Terra, agora penduradas no Museu Smithsonian em Washington, e ver duas mentalidades nacionais diferentes traduzidas fisicamente. São dois objetos projetados para fazer a mesma coisa, nas condições mais extremas. No entanto, são totalmente diferentes, e refletem com uma clareza devastadora dois sistemas políticos e econômicos totalmente diferentes. Uma é macia como uma limusine de Harley Earl, a outra parece pertencer ao mundo de Julio Verne, de vigias de latão e acessórios de mogno.

As coisas passaram a ser mais estudadas e intencionais desde os primórdios aparentemente inocentes do design de carros. Patrick LeQuement, que trabalhava para a Renault nos anos 1980 com instruções para fazer um carro que fosse tão engraçadinho quanto o mascote da família, produziu o Twingo. Ele enfrentou a tarefa introduzindo as características antropomórficas mais óbvias: faróis que pareciam olhos e um sorriso de vencedor para a grade de radiador. De fato, o design de automóveis na era da marca começa a se aproximar mais de uma espécie de procriação seletiva, como a criação de cavalos de corrida. Houve um tempo em que um designer de automóveis atuava a partir do princípio de que ninguém jamais havia desenhado um carro antes. Agora o maior

Pierre Boulanger imaginou o Citroën 2CV como um burro de carga acessível, forte o bastante para as estradas francesas. As primeiras versões vinham com um único farol, visando a economia.

Embora sejam dois objetos concebidos para executar as mesmas tarefas, nas mesmas condições infinitamente desafiadoras, as cápsulas espaciais Soyuz soviética e Apollo americana são totalmente diferentes, o que evidencia as pretensões visuais de seus fabricantes.

desafio do designer é garantir que um Jaguar, Mini ou Golf novo tenha todos os traços de família certos, dos arcos das rodas às maçanetas da portas.

Quando se olha para a história do século XX, não se discute que a peça de design de automóveis mais significativa tenha sido o lançamento, em 1908, do Ford Modelo T, que permaneceu em produção pelas duas décadas seguintes. Mas é provável que, em alguns aspectos, o Nissan Figaro, exposto pela primeira vez no salão do automóvel de Tóquio em 1989, e do qual só foram feitas 20 mil unidades, tenha sido igualmente significativo — não devido a razões mecânicas ou técnicas, mas sim porque, pela primeira vez na história do design automobilístico, o automóvel era tratado não como peça séria de tecnologia, mas sim como brinquedo. E, uma vez que o gênio estava fora da garrafa, era tarde demais para colocá-lo de volta.

O Figaro nos fez ver os automóveis de forma diferente. Ele foi cuidadosamente projetado para sugerir que pertencia a um período entre o fim da década de 1950 e o início da de 1960 — seu volante de plástico branco, suas curvas gorduchas, suas cores plásticas terrosas refletiam uma costura das imagens da publicidade e do cinema da época. Mas a tecnologia por baixo da carroceria provinha das linhas de montagem mais modernas da Nissan. Esse tipo de abordagem reflete a maneira como uma coleção de moda é montada, começando antes com uma comissão de análise do ambiente do que com um problema técnico. A questão passa a ser mais como misturar o *film noir* dos anos 1940 com um punk de jaqueta de estilo militar do que como impermeabilizar um tecido.

Não era esse o tratamento dado aos automóveis até então. É verdade que Harley Earl também andou exagerando os aspectos emocionais do design de automóveis, mas, em sua época, as inspirações vinham das aeronaves contemporâneas, e assim pareciam sugerir que ele ainda estava envolvido com o mundo real, e não com divertimento. No início, os automóveis eram uma referência muito menos direta a modelos anteriores, projetados, isso sim, a partir de princípios básicos. O Figaro, por outro lado, era a concretização

A linha de produção do Ford Modelo T começou em 1908. O primeiro carro produzido em massa foi certamente um design importantíssimo. O Nissan Figaro, oitenta anos depois, pode ser considerado igualmente importante, apesar do número reduzido de unidades produzidas (uma edição limitada de 20 mil) e de não oferecer novidade técnica alguma. O Figaro se tornou um marco por ser o primeiro carro intencionalmente tratado como brinquedo, e não como objeto funcional. A Renault logo foi atrás, dando ao Twingo seu aspecto antropomórfico engraçadinho.

Ettore Sottsass e Perry King transformaram a identidade da máquina de escrever: de um equipamento de escritório sério e de aparência profissional, tornou-se um produto de consumo desejável, artifício que Jonathan Ive repetiria para a Apple.

do sonho que a imagem publicitária de um carro poderia ter evocado um dia, mas nunca deu o recado.

A Olivetti deu o salto conceitual de fabricante de equipamentos profissionais para fabricante de produtos de consumo quando Ettore Sottsass colocou uma alça na unidade central de um computador, transformando-o antes em um objeto do que em um acúmulo de transistores e válvulas. Do mesmo modo, com o design, ele transformou a máquina de escrever de escritório para a Olivetti criando uma máquina portátil leve, vermelha e laranja, a Valentine. Como disse Sottsass de forma memorável, a Valentine foi projetada para fazer companhia a poetas solitários em fins de semana no campo. Ele se dera conta de que equipamentos técnicos podiam ser domesticados. Uma máquina de escrever não precisava ser tratada como peça de maquinário anônimo, mas podia ser considerada dona de uma personalidade própria.

O design, em todas as suas manifestações, é o DNA de uma sociedade industrial — ou pós-industrial, se é isso o que temos hoje. É o código que precisamos explorar se quisermos ter uma chance de entender a natureza do mundo moderno. É um reflexo de nossos sistemas econômicos. E revela a marca da tecnologia com que temos de trabalhar. É um tipo de linguagem, e é reflexo de valores emocionais e culturais.

O que torna essa visão do design realmente atraente é a noção de que há algo a entender sobre os objetos além das questões óbvias de função e finalidade. Isso sugere que há tanto a ganhar explorando-se o significado dos objetos quanto considerando o que fazem e o visual que têm.

O design é a linguagem que uma sociedade usa para criar objetos que reflitam seus objetivos e seus valores. Pode ser usado de formas manipuladoras e mal-intencionadas, ou criativas e ponderadas. O design é a linguagem que ajuda a definir, ou talvez a sinalizar, valor. Cria as pistas táteis e visuais que sinalizam "precioso" ou "barato" — mesmo se, dada a infinita capacidade de ironia da mente humana, e a busca permanente por novidade, esses sinais forem regularmente subvertidos. Na moda, uma vez que um signo se torna muito óbvio, é inevitável que seu significado se inverta. Ruim equivale a bom. O que é buscado inescapavelmente se torna ubíquo. E vice-versa. A inocência simplista do design de embalagens e produtos da Alemanha Oriental já sinalizou a privação forçada de um sistema político brutal. Agora foi adoçada e ressuscitada por decoradores nostálgicos.

É a linguagem do design que serve para sugerir o gênero de um objeto, muitas vezes pelo meio menos sutil, pela cor, pela forma, pelo tamanho e por referências visuais. É o design que reflete uma noção de autenticidade, ou seu contrário manipulador: o cinismo da técnica de vendas. E é o design que pode servir para sinalizar e reforçar as marcas de casta de um sistema de classes.

O design se tornou o processo, às vezes cínico, de transformar produtos antes sérios e espontâneos — relógios, por exemplo, câmeras ou mesmo carros — em brinquedos para adultos, explorando nossas fantasias sobre nós mesmos, aproveitando nossa disposição de pagar para ser entretidos ou bajulados por aquilo que possuímos.

E é o design que pode servir como meio para criar uma noção de identidade — cívica, coletiva e pessoal. É o design que cria insígnias nacionais e marcas de empresas.

Essas múltiplas definições tornam o design um assunto eternamente fascinante, de importância decisiva e sempre revelador.

Como se sabe, não é só o que o design significa que conta — o "porquê", por assim dizer. O "como" é uma forma igualmente poderosa de entender o mundo físico, material — sobretudo porque as tecnologias e as técnicas continuam evoluindo e se expandindo. Combinando essa perspectiva tecnológica com uma apreciação do contexto cultural em que o design atua, temos uma forma particularmente vigorosa de olhar o mundo e entendê-lo.

O design também tem outro tipo de ressonância. Não vamos esquecer que o bom design é também um prazer em si mesmo. A qualidade estética e escultural de um copo ou uma cadeira e a elegância intelectual de uma interface são expressões criativas intrinsecamente apreciáveis. Como também a elegância com que um programa de software interage com seus usuários.

O design é usado para moldar percepções de como os objetos devem ser compreendidos. Às vezes, isso é uma questão de comunicação direta: para acionar uma máquina é preciso entender intuitivamente o que ela é, e como fazê-la executar o que você quer. O primeiro laptop, a primeira câmera reflex de lente única ou o primeiro telefone celular exigiam um designer para definir o que um laptop, uma câmera ou um telefone deveriam ser. Tudo o que veio depois é uma variação desse tema. Às vezes, a comunicação é mais emocional. Metais preciosos sugerem que os objetos feitos com eles são em si mais importantes do que os feitos com materiais menos valiosos.

Essa é uma linguagem que evolui e modifica seus significados tão depressa como qualquer outra. Pode ser manipulada com sutileza e inteligência, ou com obviedade canhestra. Mas é a chave para entender o mundo feito pelo homem.

Capítulo Dois

O design e seus arquétipos

Se há algo, além de uma cadeira, em que todo designer deseja colocar o próprio nome pelo menos uma vez em sua carreira é numa luminária articulada. É difícil saber por que essa categoria de objeto específica, em vez de, digamos, câmeras, bicicletas ou sites, continua sendo tão atraente, mas certamente tem algo a ver com as possibilidades oferecidas a um designer.

Uma luminária articulada regulável exige um misto de tecnologia e invenção. Fazê-la direito demonstra talento técnico, mas também ambição artística. Ela oferece muitas variáveis com que se trabalhar. Há toda a questão do mecanismo e da forma como é articulado para possibilitar o movimento apenas com uma pressão da ponta do dedo. Depois, há a estrutura, que segura a luminária no lugar, e também a forma como se controla a energia da fonte de luz. E tão crucial quanto todos os demais elementos é a qualidade da luz, e a forma como é difundida, dirigida ou quebrada. Trata-se de uma questão tanto de disposição quanto de qualquer coisa mais facilmente quantificável.

O fato de as luminárias de sucesso permanecerem muito tempo em produção é igualmente importante. Os telefones celulares são superados a cada seis meses. O ciclo de desenvolvimento de produtos novos da Canon para suas câmeras é de menos de dois anos. Poucos carros novos conservam o encanto por mais de cinco anos antes de serem submetidos a uma cirurgia plástica importante. Até o ciclo de produção recorde de 64 anos do Fusca da Volkswagen acabou chegando ao fim, quando então foi fabricado um carro completamente diferente, em que cada componente havia mudado. Mas cadeiras de aço tubular cromado, projetadas mais de dez anos antes que o Fusca fosse concebido, continuam sendo produzidas em massa, e com o ar contemporâneo de sempre. E a primeira lâmpada articulada, a Anglepoise, continua em produção depois de 75 anos, sendo patente que a última versão é uma parente próxima da original.

A história do design, então, é medida por um número desproporcional de cadeiras e luminárias. O que dá à luminária de leitura um interesse especial para os designers talvez seja o fato de essa ser uma oportunidade de modificar um arquétipo, e possivelmente criar um novo.

A Anglepoise é um artefato despretensiosamente modesto, mas que, no entanto, tem muito a dizer sobre design. É uma luminária de mesa que executa uma tarefa prática: dirigir um facho concentrado de luz para uma superfície selecionada que pode ser horizontal ou vertical. Com uma lâmpada de tungstênio de 60 watts, ilumina o suficiente para tornar um tipo itálico de corpo dez legível para quem está quase precisando usar óculos. Mas é também um objeto escultural atraente, que tem um pouquinho da natureza cinética de um móbile de Calder. A Anglepoise não tem uma única forma definitiva. Sua forma muda continuamente quando ela está em uso — lembrando que o modo como usamos um objeto é um aspecto estético do design tão importante quanto o visual que esse objeto tem. Ao mesmo tempo, a Anglepoise tem a atração mecânica de uma peça anônima de engenharia aplicada. Os braços, cuidadosamente moldados para acomodar as molas aparentes, têm uma legibilidade que pode ser entendida como precursora da franqueza estrutural do Centro Georges Pompidou, de Piano e Rogers.

A Anglepoise é funcional, mas também oferece a promessa de um envolvimento emocional para seus usuários. Sua presença sobre uma mesa ou uma prancheta é um sinal inequívoco de concentração e esforço criativo.

Os objetos não existem no vácuo: são parte de uma complexa coreografia de interações. A tela de televisão de raios catódicos tradicional, alojada numa caixa de madeira e tratada como peça de mobiliário, criava uma dinâmica social na sala de visitas nos anos 1960 que era totalmente diferente do que acontecia quando os aparelhos portáteis eram colocados no chão. Esse foi aparentemente um gesto informal que destronou o deus do lar da primeira era do consumismo. Mas, antes do surgimento do controle remoto, exigia-se um ato de obediência ritual quando a pessoa se ajoelhava para mudar de canal. Isso também é diferente do impacto social de uma tela plana pendurada na parede como se fosse um

A Anglepoise começou como uma solução técnica de iluminação e se tornou uma nova palavra na linguagem do design.

quadro. Esses objetos, em suas diversas formas, determinam não só como usamos a sala, mas como usamos a casa inteira. Eles moldam a maneira como nos relacionamos, como comemos, como nos sentamos e como olhamos uns para os outros.

Acender uma Anglepoise e posicioná-la é, tanto literal quanto metaforicamente, sugerir que se começou a trabalhar. É como abrir as portas de uma loja ou levantar a cortina no teatro. Todos os sentidos estão envolvidos, a audição bem como o tato. O clique do botão é como colocar um aviso de "Não perturbe".

Além disso, embora a maioria dos processos de fabricação de que ela depende agora ocorram na China, a luminária conserva certo sabor essencialmente anglo-saxônico. Wallace e Gromit são produtos em que é fácil reconhecer o mesmo estado de espírito.

Tudo isso cria uma complexa gama de várias camadas de significado para um objeto relativamente simples carregar. Mas a Anglepoise é produto de todos eles, como sua forma consegue sugerir.

De uma maneira ou de outra, as características compreendidas numa Anglepoise podem ser manipuladas por um designer com talento e sagacidade para formar percepções de quase qualquer objeto. Uma geladeira, uma bota de esqui, uma jaqueta impermeável, até um tomógrafo ou um aplicador de insulina são objetos que podem ser desenhados de modo a sugerir uma personalidade, de fornecer pistas de como usá-los e tirar o melhor partido de seu potencial tátil. Há pontos em comum que concebem a forma como esses objetos são entendidos. Todos eles dependem do modo como a decoração, a cor, a forma e o ritual são manipulados. Mesmo em nossa era pós-mecânica, esses elementos continuam a ser relevantes. Nossa interação com telas e o mundo digital é moldada por aspectos que tentam evocar as características que os designers usam para manipular nossa relação com o mundo físico.

A Anglepoise foi projetada por um engenheiro automobilístico chamado George Carwardine, que, embora de uma época anterior ao Mini e à bicicleta Moulton originais, possuía o tipo de mentalidade que os produziu. A Anglepoise representa o mesmo impulso de modernização. Como aqueles, é um exemplo de produto que virou arquétipo. Quase tão logo foi concebida, a Anglepoise acabou sendo não só um produto, mas também o primeiro exemplo do que desde então passou a ser uma categoria, assim como o Mini seria 25 anos depois.

O Mini foi o resultado de uma extraordinária parceria entre dois engenheiros talentosos e criativos, Alec Issigonis e Alex Moulton, que transformaram a noção do que um carro pequeno popular poderia ser, no fim dos anos 1950. Sua combinação de um interior relativamente espaçoso com proporções compactas e alto desempenho foi um genuíno avanço. Dois outros carros famosos, o Citroën 2CV e o Fiat 500, também haviam sido designs brilhantemente inovadores, mas o Mini os superava com facilidade em conforto e desempenho. Issigonis teve a ideia de vital importância de poupar vários centímetros no comprimento total do carro colocando o motor paralelo aos assentos, em vez de perpendicular a eles. Com o Mini, ele inventou uma nova categoria de veículos, que os outros fabricantes, com o tempo, não tiveram alternativa senão seguir com suas próprias variações sobre o tema básico.

A bicicleta Moulton — criação do mesmo Alex Moulton que trabalhara no sistema de suspensão do Mini — talvez tenha sido a maior mudança no desenho de duas rodas desde a invenção do câmbio de marchas em 1905, sessenta anos antes. As bicicletas de rodas pequenas e centro de gravidade baixo de Moulton talvez não fossem um avanço tão importante como o Mini, mas criaram uma escola de ávidos seguidores.

O Mini, a Moulton e a Anglepoise eram desenhos baseados numa combinação de inovação técnica e invenção formal. Todos três têm algumas das características dos derrotados. Foram pioneiros que perderam para competidores mais hábeis e mais bem-organizados. Mas, como o iPod, ou a primeira geração dos telefones de disco de baquelita, cada um tinha uma forma tão peculiar que criou uma nova categoria de objeto.

Não só o aspecto de um objeto é a chave para a criação de um arquétipo. Um arquétipo dominante necessita de uma forma capaz

A genialidade da engenharia de Alec Issigonis fez do Mini não só uma marca de carro, mas também uma categoria. Seu colaborador, Alex Moulton, tentou fazer o mesmo com sua bicicleta.

de transmitir o que faz, e o que o usuário precisa fazer para que ele funcione. Se um objeto vem com um longo manual de instruções, você pode ter certeza de que nunca será um arquétipo

Alguns arquétipos têm histórias milenares, com geração após geração produzindo suas interpretações particulares de um dado formato. Esses são arquétipos que, de tão universais, se tornaram invisíveis, cada versão avançando a partir das precedentes para renovar continuamente os parâmetros básicos. Quem pensaria em perguntar quem primeiro desenhou a cadeira com um pé em cada canto?

Certamente há muitos outros arquétipos que sobrevivem há séculos: o mostrador de relógio, a torneira e a chave, por exemplo. A lâmpada elétrica é uma categoria muito mais recente. E, embora comparativamente mais jovem, a Anglepoise logo conseguiu se estabelecer como parte do vocabulário essencial do design.

Antes que existisse, uma luminária que você pudesse mover para cima ou para baixo com apenas a pressão da ponta de um dedo era uma daquelas inúmeras coisas que não sabíamos que não podíamos dispensar. Quando tomou forma, a maneira como aquela associação aconteceu e funcionou dava a impressão de ser inevitável. Parecia óbvia, mas nunca havia sido feita antes.

A utilidade absoluta da Anglepoise convidou outros a improvisar suas próprias versões da proposta básica. Essa luminária possuía uma franqueza visual que lhe permitiu definir a forma para um produto que inúmeros outros fabricantes e designers seguiram — não necessariamente como imitadores diretos, embora tenha havido muitos destes, mas porque podiam ver a demanda por um produto que, ao seu próprio modo, cumpriria funções semelhantes.

O processo pelo qual a Anglepoise nasceu foi casual, decorrente não tanto da determinação de criar um novo tipo de luminária quanto da busca por um emprego para uma linha de produção existente. Uma pequena empresa familiar, a Herbert Terry Ltd., especializada em fabricar molas de metal, começou a expandir seu livro de pedidos. A empresa raciocinou que, vendendo um produto dirigido ao consumidor, poderia encontrar mercado para uma quantidade maior de suas molas. E, ao mesmo tempo, poderia ganhar mais dinheiro com as molas que fazia se as usasse como componentes de seus próprios produtos, e não as vendendo a terceiros para serem usadas como componentes dos produtos deles. Então Herbert Terry obteve a franquia do design da Anglepoise de Carwardine, que andara trabalhando em cima da ideia de uma luminária com molas para torná-la facilmente regulável. O plano original fora chamá-la de Equipoise, mas houve problemas para registrar o nome.

Tecnicamente, a Anglepoise é apenas a distribuição de molas. São as molas que permitem que seja regulada com uma suave pressão e depois fique na posição. Já houvera uma quantidade de luminárias de mesa antes da Anglepoise. Após uma queda de braço, podia-se mover a fonte de luz de algumas delas para cima e para baixo, ou para trás e para a frente. Mas nenhuma fazia o que a Anglepoise fazia, e bem poucas empresas podiam produzir molas com as mesmas características de resistência que as fabricadas por Herbert Terry. Com seu inusitado misto de franqueza visual e delicadeza formal, também não havia nada parecido com a Anglepoise na época.

A Anglepoise foi um produto desenvolvido a partir de um conjunto de princípios de engenharia surpreendentemente complexos, ao lado de uma análise estrutural séria, e não de uma base apenas visual. As molas mantinham a luminária equilibrada, sem que esta precisasse ser presa a uma bancada. As forças envolvidas são balanceadas pela tensão contrária das molas. O visual da luminária — em particular a forma da cúpula — foi algo pensado depois. Mas isso era parte de sua graça. A forma sem artifícios lhe dava certa inocência simplista que sugeria autenticidade, tal como as primeiras versões do Land Rover, que tinham o tipo de credibilidade proveniente de um design baseado numa ideia tecnicamente engenhosa, e não do desejo de criar um produto de consumo sedutor.

No início, foram feitas apenas as mais superficiais tentativas de aprimorar o diagrama estrutural básico da Anglepoise. Quando patenteou o design, Carwardine percebeu muito pouco das características estéticas da luminária, além do sabor vagamente *art déco*

Capítulo Dois

Como tantos carros, o Land Rover começou como solução espontânea para um problema de engenharia e depois se tornou uma marca. No processo, a tarefa do designer passou da invenção a algo próximo da criação de ovelhas raras.

da pesada base escalonada que estabelecia um contraponto à natureza esquelética dos braços móveis.

Havia outros problemas não resolvidos em relação ao design. O fio de alimentação da Anglepoise, na primeira versão, vinha envolto num tecido trançado que era enfiado na estrutura, transbordando para fora nas articulações como um cadarço de pijama apanhado nas garras de uma lagosta. E não sendo fabricante de interruptores, a família Terry usava na Anglepoise componentes básicos comprados no comércio que eram funcionais, mas não transformavam o ato de acender e apagar a luminária no ritual envolvente que acabaria se tornando.

Apesar da natureza improvisada das primeiras versões, a família Terry conseguiu criar algo que era mais do que apenas outro produto. Embora fosse uma forma nova, logo ficava patente o que uma Anglepoise era, e como acioná-la. A forma era autoexplicativa. E em sua objetividade parecia passar uma espécie de espírito inglês — o mesmo presente nas últimas versões da luminária, como na forma plenamente integrada pela primeira vez, pelo designer Kenneth Grange.

Logo no início, a família Terry licenciou o direito de exploração de sua patente para outra versão da luminária a ser produzida com o nome de Luxo por uma empresa norueguesa. Versão mais esmerada, muito mais refinada da original, a Luxo logo superou as vendas da Anglepoise, e acabou ameaçando tirá-la do mercado. Grange, que, mais do que qualquer outro desenhista industrial britânico nos últimos cinquenta anos, é responsável por criar os parâmetros da vida doméstica no Reino Unido, trabalhando em câmeras Instamatic, liquidificadores, barbeadores elétricos e trens de alta velocidade, era a escolha perfeita para atualizar a Anglepoise sem diluir sua reputação e contra-atacar a Luxo.

Há outra versão de arquétipo da luminária de mesa, desenhada cinquenta anos depois, que é tudo o que a Anglepoise não é. ATizio é um produto em tudo diferente, mas pertence inequivocamente à mesma espécie. Foi projetada pelo arquiteto alemão Richard Sapper e fabricada por uma empresa italiana de iluminação, a Artemide. Ela reproduz a premissa básica da Anglepoise, embora sem, naturalmente, infringir nenhuma patente. Fornece também uma fonte concentrada de iluminação, que pode ser movida para cima e para baixo a fim de dirigir a luz aonde é necessária, e ser afastada quando não é. Funciona sem usar nenhum dos princípios estruturais ou mecânicos da Anglepoise, embora seja difícil imaginá-la existindo em sua forma atual se Sapper jamais tivesse visto uma Anglepoise. O mais surpreendente é eliminar a maioria dos cabos elétricos. Não há confusão, só um fio ligando a lâmpada ao reator. A Tizio usa um transformador elétrico em sua base. Além de proporcionar o peso necessário para tornar a luminária resistente o suficiente para enfrentar o movimento, o transformador também reduz a corrente a níveis que permitem aos braços de alumínio pintado da estrutura conduzir a eletricidade com segurança. A lâmpada é de quartzo halógeno, em oposição à de tungstênio convencional usada pela Anglepoise. As articulações são unidas com rebites de cabeça de metal, de uma forma que sugere a técnica usada nas calças jeans para reforçar os bolsos em pontos em que o brim sofre tensão.

O que de fato torna a Anglepoise e a Tizio tão diferentes é a clareza com que se percebe que esta última é um produto de design, enquanto a primeira não liga para a própria forma. Em outras palavras, distinta da Anglepoise original, a Tizio é, claramente, mais o produto de um designer do que o de um engenheiro. Seu peso e seu contrapeso têm uma curva elegante. A lâmpada halógena encaixa num cartucho cuidadosamente moldado na forma de paralelogramo. A luminária é adequada para a mesa de um arquiteto ou de um cientista com mais estilo do que o comum. A primeira Anglepoise, por outro lado, dava a impressão de que estaria mais à vontade no consultório de um médico, ou num boxe de manutenção de uma oficina.

Onde a Anglepoise parece inocente e simplista, a Tizio é toda sofisticação. Quando foi lançada, em 1972, a silhueta de louva-a-deus a estabeleceu como o sinal de modernidade mais visível que se poderia colocar sobre uma mesa. Era provocadora até na lâmpada, adotando uma tecnologia nova e desconhecida no contexto doméstico.

A Tizio tira partido da utilização drástica da cor. É preta da ponta até a base, com apenas alguns toques concentrados de vermelho no interruptor — posicionado na base do transformador — e nos pontos em que os braços giram. Como a Apple também descobriu, o preto transforma a natureza de um objeto doméstico. É decorativo, mas, ao mesmo tempo, usar preto nesse contexto é um sinal inequívoco de que se trata de um objeto que está se apresentando como equipamento sério, não algo mais atraente. A Tizio é esguia e elegante, mas sua estética preta agressiva lhe dá uma masculinidade sem sutileza. (Há uma versão branca que foi adotada como marca registrada de balcões de cosméticos de lojas de departamento.)

A combinação de uma estrutura preta com articulações marcadas por pontos vermelhos é, sem dúvida, uma evocação inteiramente proposital da mesma combinação de cores usada para destacar a trava de segurança no cano da pistola automática Walther PPK. (As importantíssimas iniciais são de Polizeipistole Kriminalmodell.) A Walther foi projetada originalmente nos anos 1920 para uso da polícia alemã, e foi celebremente admirada pelo James Bond de Ian Fleming. Justo atrás do guarda-mato há um círculo vermelho de 18 milímetros de diâmetro. Era pintado na lateral do cano, embaixo da trava de segurança, e só era visível quando se desativava a trava e a pistola estava pronta para atirar.

A Walther foi projetada para ser letal, mas também para ter um cano curto o suficiente para permitir que o portador a dissimulasse. O indispensável era que o mecanismo fosse confiável, facilmente recarregável, e preciso, mesmo sob condições em que se corria risco de morrer. E, é claro, o usuário precisava ter certeza de que a trava de segurança estivesse ativada antes de guardar a pistola num coldre axilar — por isso o ponto vermelho chamativo, que ajuda a desfazer qualquer dúvida ou ambiguidade.

Esses eram parâmetros bastante difíceis de satisfazer, mas a forma da pistola também foi fruto de uma série de opções, algumas técnicas, algumas estéticas e outras baseadas nas normas culturais e industriais da fábrica que a construiu. O ponto vermelho no fundo preto fosco é, em um nível, uma solução prática e direta. Mas também era um motivo surpreendente — um motivo que entrou na consciência visual dos designers, que sempre trabalham manipulando e reciclando imagens de várias fontes. A pistola é ostensivamente uma peça de design estritamente funcional, mas também é projetada para parecer intimidadora. A mesma combinação de cores foi usada pela Volkswagen para os modelos Golf GT nos anos 1980, quando a carroceria e a grade do radiador eram pintadas em dois tons de preto, com uma estreita linha vermelha emoldurando o radiador.

A associação de um carro com uma arma letal pode parecer um tanto infeliz, mas tem uma atração poderosa. A combinação ponto vermelho/pintura preta no Golf e na Tizio pode não parecer decoração, mas, assim como um padrão de folha de acanto na arquitetura clássica ou num dos papéis de parede de padrões florais de William Morris, tem como objetivo dar a deixa para uma resposta emocional ao objeto.

Os pontos vermelhos numa luminária são elementos decorativos no mesmo sentido em que o são os desenhos de folhas douradas numa máquina de costura. Mas afirma-se que têm uma finalidade antes funcional do que decorativa. E seu uso ajuda a Tizio a ter um leve ar de violência apenas suprimida. A Tizio é um objeto que sugere que você pode fazer coisas importantes com ele — coisas que vão muito além de colocá-lo em sua mesa.

A paisagem doméstica é medida em arquétipos numa escala que vai da residência unifamiliar independente até a mesa, a cadeira e o prato. A luminária articulada de mesa se uniu a eles, não na linha de frente dos objetos essenciais da vida diária, mas certamente em segundo plano como um elemento útil.

A Anglepoise é uma síntese brilhante de estrutura e mecanismo, criando um dos pouquíssimos objetos icônicos que conseguem se transformar em uma marca reconhecível. A Anglepoise é escorada não só pelo nome, mas, como a Coca-Cola, também por um

A origem do acabamento preto e do interruptor vermelho contrastante da Tizio pode ser localizada na Walther PPK (p. 68). Era uma combinação de cores que chamava toda a atenção possível para a trava de segurança da pistola. O radiador do Golf (p. 69) usava vermelho e preto para evocar o glamour sinistro de uma arma de fogo.

A Walther PPK tinha um ponto vermelho para mostrar quando estava destravada.

O Golf GTI tinha uma estreita linha vermelha em volta da grade preta do radiador.

objeto imediatamente reconhecível que é uma encarnação física da marca. E oferece uma forma que continuará mantendo os designers ocupados por algum tempo.

Mas, como arquétipo, a Anglepoise ainda é uma relativa novata. Não tem exatamente a mesma ressonância cultural universal da garrafa de vinho francês tradicional, por exemplo. A garrafa teve séculos para penetrar na consciência mundial com profundidade. É uma forma instantaneamente familiar, e em torno da qual tantos rituais, públicos e privados, evoluíram.

Milhões e milhões de garrafas são feitas a cada ano, para uso em todos os cada vez mais numerosos países produtores de vinho do mundo. A cor do vidro, a forma, a rolha, às vezes presa com uma gaiola de arame e protegida com uma folha de papel metalizado, o vocabulário gráfico do rótulo — tudo é usado para manipular nossas expectativas em relação ao conteúdo. Experimente o choque para as papilas gustativas de beber vinho de uma garrafa de Coca-Cola, ou uísque de uma garrafa de cerveja, para sentir o grau em que nossas percepções podem ser moldadas pelos aspectos físicos do design.

A garrafa é usada para sinalizar a procedência exata do vinho. As garrafas de vinho francês são diferentes das de vinho alemão. Mesmo na França, cada região tem seu próprio tipo de garrafa. E,sem dúvida, há o aspecto da criação de expectativas na forma do recipiente, na linguagem gráfica do rótulo e na maneira como a garrafa é aberta. Uma tampa de rosca e uma rolha despertam expectativas diferentes. A combinação clássica francesa, com o rótulo na cintura, uma gama limitada de tipos e ilustrações convencionais que representam um *château* preparam para algo bem diferente do estilo australiano nativo, lançado pela Penfolds, ou do estilo moderno mais estudado de colocar arte contemporânea em rótulos.

A cédula de dinheiro é outro arquétipo com profundas ressonâncias. O formato básico não poderia ser mais simples: um retângulo de papel impresso que tem uma marca-d'água e uma fita de metal inserida na trama — artifícios que a tornam mais difícil de reproduzir. Exceto uma gama limitada de texturas variáveis e, no caso do dólar australiano, o uso de uma película de plástico muito fina em vez de papel, não há nada com que trabalhar senão a imaginação do designer. Mas existe uma infinidade de possibilidades gráficas.

Com apenas uma imagem e uma escolha de fonte para demonstrar a probidade de um Banco Central, uma cédula de dinheiro precisa nos convencer de que vale mais do que o papel onde foi impressa. Projetar o design de uma cédula de dinheiro envolve trabalhar uma complexa peça de magia. Em parte, tenta uma evocação da identidade nacional. Também depende de outros signos de valor, tais como precisão e a qualidade da produção. Estes se integram às complexidades funcionais para prevenir a falsificação. Mas há outras mensagens também. A modernidade, por exemplo, é em geral expressa pela alteração das convenções do design de cédulas de dinheiro. Os suíços mudaram a orientação do desenho de suas cédulas, e agora as desenham no formato de retrato, não no de paisagem. Na época anterior ao euro, a Holanda fez um esforço extra para criar cédulas que rompessem com todos os cacoetes comuns do desenho de dinheiro, culminando com um girassol amarelo vivo que enchia um lado inteiro da nota de cinquenta florins.

Mas estampas de gravuras em metal ainda parecem dar uma conotação mais convincente a um pedaço de papel valioso do que, digamos, um desenho de aquarela.

O dólar americano tem a vantagem de algumas iconografias extraordinariamente fortes — o olho que tudo vê e aquela pirâmide —, de modo que, apesar dos lamentáveis retoques que nos últimos tempos enfraqueceram a noção antes fácil de superioridade da moeda, ainda conserva certa aura. Parece valiosa porque parece complicada. Parece valiosa porque todas aquelas ondulantes volutas tipográficas são muito precisas e difíceis de desenhar. Parece valiosa porque dá a impressão de ser o produto de uma espécie de revelação semidivina. E, acima de tudo, há a cor. Verde agora é, naturalmente, a cor do dinheiro.

As cédulas de dinheiro apresentam aos designers gráficos não só o desafio de fazer um retângulo de papel sem valor parecer valioso, mas também de fazê-lo parecer valioso de um modo especificamente britânico, suíço, americano ou europeu.

100
FEDERAL RESERVE NOTE
AB 03323282 M
B2
THIS NOTE IS LEGAL TENDER FOR ALL DEBTS, PUBLIC AND PRIVATE
Treasurer of the United States.
SERIES 1996
THE UNITED STATES OF AMERICA
100
AB 03323282 M
Secretary of the Treasury.
100
FRANKLIN
ONE HUNDRED DOLLARS

© BCE ECB EZB EKT EKP 2002
500
500
500 EURO ΕΥΡΩ

Seguindo os passos dos Estados Unidos, todos os outros países procuram evocar heróis nacionais adequados cujas imagens, cuidadosamente gravadas, são usadas para convencer que é possível confiar-lhes com segurança as economias de viúvas e órfãos.

A escolha precisa do herói está sujeita a infinitas nuances. Na Grã-Bretanha, parece imprescindível que tais figuras pertençam ao século XIX, sejam do sexo masculino e venham guarnecidas com fartas barbas. Tanto a Grã-Bretanha quanto a França costumavam se interessar mais pelo século XVIII, mas isso acarretava a necessidade ligeiramente incômoda de retratar seus estadistas, poetas e filósofos de peruca.

Mas agora a Grã-Bretanha tem o escocês, natural de Kirkcaldy, Adam Smith, de peruca e rosto glabro em suas notas de 20 libras. Como um economista é particularmente difícil de representar em termos gráficos, o designer incorpora um fragmento do texto de Smith que é espantosamente obscuro: "*The division of labour in pin manufacturing: (and the great increase in the quantity of work that results)*" [A divisão do trabalho na manufatura de alfinetes: (e o grande aumento na quantidade de trabalho resultante)]. Trata-se de uma mensagem curiosa para se levar na carteira, sobretudo quando acompanhada de um perfil particularmente sem vida de seu autor.

O verso, com um retrato da rainha, tem o foco numa evocação de anglicismo notável pela riqueza de detalhes. O nome do Banco da Inglaterra é grafado com tipo Gothic floreado que faz referência a precedentes do século XVIII, mas também sugere a aparência que as cédulas de dinheiro tinham nos anos 1950, quando os designers gráficos começaram a usar motivos gráficos do passado demonstrando saber o que faziam. A nota também traz uma representação do início do século XIX do Reino Unido, com mais quatro tipos de vários períodos, uns modernos, outros evocações do passado especialmente desenhadas.

Para Estados novos, o desenho de cédulas de dinheiro é um aspecto essencial da construção da nação. Veja o modo como os Estados da antiga Iugoslávia correram para desenhar novas cédulas para cada um deles antes mesmo de terem governos internacionalmente reconhecidos. Saíram os heroicos trabalhadores do setor siderúrgico e as camponesas de maçãs do rosto salientes trazendo a colheita que, assim como nas moedas de tantos outros Estados do proletariado, antes adornavam o dinar. Para se apresentar como modernos e prestes a se tornar membros efetivos da União Europeia e/ou da Otan, eles paradoxalmente optaram por olhar para trás para redescobrir compositores e matemáticos barrocos havia muito esquecidos, ou, no caso da Eslovênia, o arquiteto Jože Plečnik, para adornar sua moeda.

Pelo menos a Croácia e a Eslovênia tiveram a oportunidade de levar a sério suas moedas. A Croácia modelou fielmente suas notas com base no marco alemão. Mas, para ver que a Macedônia teria problemas pela frente, bastava olhar para aquela moeda nacional decorada com imagens de técnicos de guarda-pó branco sentados diante de telas de computador que projetava — e tinha — a probidade financeira de uma passagem de bonde.

Os arquétipos físicos, ou fragmentos destes, são usados de maneiras igualmente sugestivas. A arma de fogo portátil, que em sua forma moderna data do revólver de Samuel Colt, aprimorado na Walther PPK e nas pistolas Beretta que vieram depois desta, é certamente um arquétipo. Muitos objetos com finalidades completamente diferentes usam sua forma, não só sua cor. Evocar deliberadamente as associações da pistola é sugerir potência e poder. Usando um gatilho num objeto totalmente não letal, o usuário pode adquirir a ideia lisonjeira de estar no comando de algo que transmite autoridade e exige respeito.

Também é um sinal claro de gênero, um reflexo de masculinidade. Uma arma de verdade nas mãos de um jovem de gueto insatisfeito e, ao mesmo tempo, impotente, proporciona uma sensação de poder compensadora embora fugaz. Um gatilho, mesmo fazendo parte de algo que não seja mais letal do que uma pistola de cola ou um cano de aspirador, oferece o tênue eco domesticado da mesma sensação, sem nenhum dos riscos. É um outro artifício que comunica sua finalidade sem necessidade de explicar-se com mais detalhes.

Os arquétipos podem proporcionar associações assim como o gatilho faz. Mas também podem oferecer o conforto menos específico de uma lembrança, e as complexas atrações de uma ideia de familiaridade. Trabalhando dentro de uma estrutura de arquétipos, é possível levar alguma profundidade psicológica e emocional para o design de objetos. Mesmo que os objetos que possuímos não envelheçam bem, e estejamos continuamente os substituindo, os designs que evocam arquétipos dão uma ideia consoladora de continuidade. Introduzem uma história pronta para o objeto. Isso não é o mesmo que uma recriação literal de um estilo arcaico: uma luminária elétrica em forma de candelabro. Mas a luminária elétrica pode ser desenhada para sugerir a recordação do tipo de lâmpada que nos lembra da nossa infância.

Qualquer tipo de objeto pode oferecer uma característica tranquilizadora desse tipo. Os cadernos Moleskine, com suas capas duras características, seus cantos arredondados, suas proporções delgadas e sua tira de elástico, são para esta década o que os Filofax foram para os anos 1980. A graça não é o neurótico impulso de organização do Filofax, mas sim a tênue lembrança que o caderno encerra de um passado mais simples — não necessariamente o nosso, mas uma ideia mais genérica do que a vida já foi, mesmo que nunca tenha sido. Na cinta que os circunda embaixo da embalagem transparente de polietileno, eles também se descrevem como o "lendário caderno de Van Gogh e Matisse, Hemingway e Chatwin", e assim parecem sugerir talento por associação.

O design tem envolvido continuamente a criação e a organização de arquétipos para novas categorias de objetos. Telefones, por exemplo, eram conjuntos *ad hoc* de peças mecânicas e elétricas até Jean Heiberg lhes dar a forma característica que ainda sobrevive como uma lembrança poderosa. Heiberg era pintor — aluno de Matisse e professor da Academia de Belas-Artes de Oslo — quando foi procurado no início dos anos 1930 para desenhar o primeiro telefone de baquelita a ser feito pela empresa sueca Ericsson. Objetos como esse, ou as máquinas de escrever de Marcello Nizzoli para a Olivetti, ou as câmeras de Oscar Barnack para a Leica, foram arquétipos, movidos por ambição estética bem como por pragmatismo de engenharia. Juntos, eles vêm a ser a base de uma nova lexicografia de objetos para o mundo moderno.

Com o telefone de disco giratório, cada um dos elementos que formavam sua configuração básica já fora usado antes. Os primeiros telefones tinham uma caixa com manivela para dar corda, em cima da qual havia um gancho que, por sua vez, apoiava um instrumento com um bocal numa ponta e um auscultador na outra. Mas o desenho de Heiberg deixou o passado para trás, e colocou todos esses elementos numa forma unificada, feita de baquelita. Comunicava intuitivamente como colocá-la para funcionar. O formato esculpido do fone dizia exatamente onde deveria ser segurado, que ponta encostar no ouvido e qual direcionar para a boca. Pressupunha comunicação de um modo que um telefone celular contemporâneo não pressupõe. O disco com acabamento em cromo sugeria como operá-lo sem necessidade de instruções. A ausência de ambiguidade fez do formato do telefone em si um símbolo de comunicação. O pictograma representando um telefone ainda se baseia num disco e num fone, embora essas peças tenham sido superadas por um pequeno dispositivo retangular sem nem sequer um teclado, agora que o iPhone tira partido de uma interface de tela para telefonia.

No disco giratório observava-se mais do que uma habilidosa engenharia mecânica e elétrica. O design do primeiro telefone produzido em massa alcançava um extraordinário equilíbrio entre simetria e assimetria. Com o fone assimétrico, tinha um microfone e um bocal de formas distintas pousados num apoio cuidadosamente simétrico que por sua vez ficava numa posição centralizada com o disco. Permaneceu em produção por quase meio século, antes de mudanças tecnológicas acabarem com ele — mas não antes de uma transição muito penosa, quando fabricantes tentaram encaixar teclados digitais retangulares num desenho concebido para disco giratório, minando fatalmente a lógica original da forma.

Era um formato que havia criado um conjunto de rituais sociais para combinar com ele. Na casa de meus pais, na periferia

O telefone de baquelita de disco giratório, cujo formato foi criado pelo pintor norueguês Jean Heiberg, é tecnologicamente superado, mas continua sendo o ícone da telefonia na era digital.

de Londres, o telefone ficava numa mesinha baixa no hall de entrada, presumivelmente para estar ao alcance de cada membro da família, onde quer que ele se encontrasse dentro da casa. Junto com a caixa de correio, era nosso único meio de comunicação com o mundo mais distante. E naqueles dias de centrais telefônicas mecânicas havia apenas um número limitado de linhas para a rua, de modo que tínhamos de dividir o que se chamava de linha compartilhada.

Visto que isso foi antes da era da calefação central, o hall inevitavelmente era frio e desconfortável — condições que certamente fizeram toda uma geração aproximar-se dos telefones com extrema cautela. A mesa de nosso telefone do hall não tinha cadeira, de modo que telefonar requeria ficar em pé — outro lembrete do tratamento respeitoso que esse instrumento exigia. Ser chamado ao telefone, como se dizia, era uma experiência desconfortável, e não algo a ansiar que acontecesse.

De fato o telefone permitiu que diferentes rituais se desenvolvessem em diferentes contextos nacionais. No que parece uma transferência dos protocolos tecnológicos da era de Marconi, os italianos ainda rosnam a palavra "Pronto" em seus celulares ao atenderem a uma ligação. Isso faz que deem a impressão de estar em posição de sentido, prontos numa ponta de uma máquina de telecomunicações primitiva caracterizada por alavancas de bronze e enormes discos para receber uma mensagem de outro agente na outra ponta de um fio. Os britânicos, que agora usam simplesmente a palavra "Alô", antes atendiam seus telefones recitando cortesmente o número, dizendo seu nome e depois interrogando a pessoa do outro lado com as palavras rituais "Quem fala, por favor?". Um protocolo equivalente ainda precisa ser estabelecido para lidar com o texto anônimo. E a etiqueta para o telefone foi transformada pela ubiquidade do telefone celular. O toque de um telefone móvel desencadeia uma resposta pavloviana em todos nós, que faz a urgência em atender passar na frente dos deveres de cortesia com quem nos cerca. Atendemos por reflexo, mesmo quando estamos no meio de uma conversa cara a cara.

Embora só de vez em quando se torne um marco duradouro ao instituir um novo arquétipo, a obra de um designer quase sempre se baseia na exploração e na manipulação de arquétipos existentes. Uma vez criado, um arquétipo fica em nossa memória, uma recordação pronta para ser usada novamente, às vezes de formas muito diretas.

Foi isso o que o grupo de arquitetos e designers que definiu o conceito de pós-modernismo nos anos 1980 começou a explorar. O grupo achava que a modernidade não podia simplesmente abolir a história e a memória, como os pioneiros haviam afirmado que deveria. Foi uma abordagem que passou da arquitetura ao design de objetos.

A ideia de arquétipos arquitetônicos estava bem-estabelecida. Por convenção, um museu deveria ter visual de museu, uma igreja deveria poder ser reconhecida como igreja. Certos estilos arquitetônicos eram associados a certas funções, ou características. Mesmo no auge da explosão pós-moderna, ainda se relutava em construir aeroportos em estilo neoclássico: a linguagem da era da máquina ainda é entendida como se fornecesse certo nível de tranquilidade a passageiros aflitos com o voo. Estruturas como essas moldam as paisagens urbanas pelas quais nos definimos, e se não conseguimos reconhecê-las, estamos perdidos.

Os arquétipos podem ser usados para moldar as partes constitutivas de um edifício. Portas, *porte-cochère,* galerias e assim por diante criam significado, tanto prático quanto simbólico.

Trata-se dos sinais que nos mostram como abordar um prédio e circular por ele. Definem as áreas públicas e privadas de um prédio, seu desenho significa as estruturas que são importantes para uma sociedade. Cada parte tem seu significado próprio, e as partes podem ser reunidas de diferentes modos para criar níveis mais complexos de significado.

De forma análoga, os objetos podem adquirir esse tipo de complexidade pela reunião dos componentes. Estamos condicionados a considerar interruptores como pontos de controle. Teclados são dispositivos de comunicação. Certas cores significam determinadas características, que vão de gênero a precisão.

O design e seus arquétipos

O pós-modernismo produziu uma variedade de projetos arquitetônicos que estiveram em moda por um curto período, em seguida saíram de moda e ficaram em vias de desaparecer, e agora começam a emergir para serem considerados pelos seus próprios méritos. Em seu aspecto mais formal e literal, tais projetos poderiam parecer uma cirurgia de transplante, com elementos disparatados de vários períodos reunidos em nome da memória e da ressonância. Aplicados ao desenho industrial e ao mobiliário, os resultados poderiam ser igualmente estridentes.

Quando a empresa de móveis Knoll convidou Robert Venturi e sua sócia Denise Scott Brown para desenhar uma série de cadeiras, o resultado foi mais ruidoso do que a maioria. A Knoll é uma empresa sofisticada, que trabalha há muito tempo com arquitetos destacados, que usam seus objetos como pequenos campos de prova para pôr em prática seus conceitos teóricos. A Knoll faz evocações modernistas da ordem clássica gloriosamente aristocrática de Mies van der Rohe. Mas Venturi fez carreira tentando demolir a pureza miesiana com o que ele apresenta como uma abordagem de design mais rica, mais sutil e mais alusiva. E em 1984, quando a Knoll contratou Venturi, pareceu que o momento pós-moderno chegara de fato.

O que Venturi inventou foi uma série de cartuns tridimensionais que evocam as formas Chippendale ou Queen Anne, ou aplicam padrões decorativos ao compensado arqueado. Eram propositalmente transgressores. Só se podia vê-los como referência a outro momento, em contraste com a ideia modernista de abordar o design como se nada tivesse sido feito antes.

Eram irônicos no sentido de que não foram criados para ser interpretados literalmente, apenas como objetos em si mesmos, mas também como um comentário, ou uma referência a outra coisa. Podiam também ser entendidos como se funcionassem nos parâmetros do arquétipo. Sentar numa cadeira que lhe fornece uma lembrança caricatural do trabalho Chippendale não lhe dá a realidade desse trabalho mas é uma afetação curiosa, e expõe a natureza associativa do design.

Cada qual à sua maneira, os arquitetos Robert Venturi e Ettore Sottsass procuraram formas de dar ressonância emocional a objetos funcionais pela evocação da memória. Venturi produziu uma caricatura de Chippendale, enquanto Sottsass redescobriu a inocência dos anos 1950.

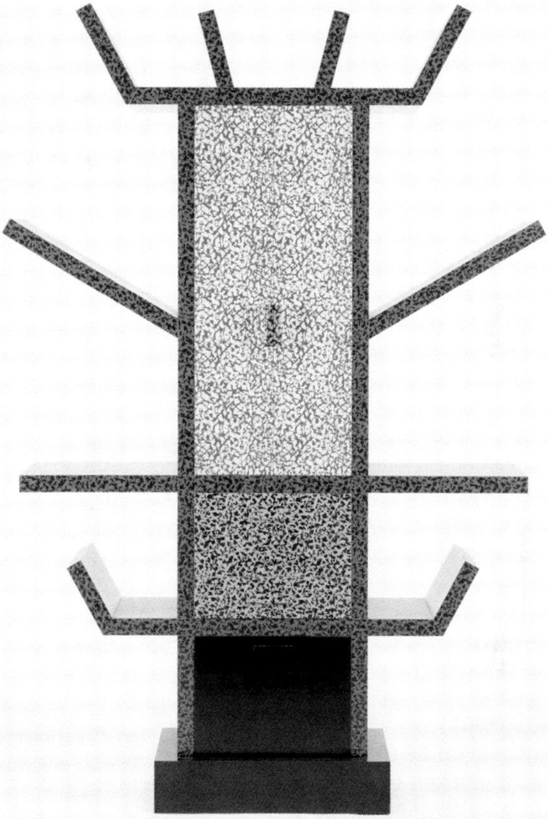

Mais ou menos na mesma época, Ettore Sottsass, o designer e arquiteto italiano — que quando não trabalhava para a Olivetti, fundou o grupo Memphis em Milão — explorava ideias não muito diferentes. Na verdade, ele convidou outro pós-modernista americano, Michael Graves, e o austríaco Hans Hollein para colaborar com o que estava fazendo com o Memphis. Sottsass criou uma série de objetos que pareciam caçoar ligeiramente das certezas dos modernistas. Pareciam minar a ideia de ordem e coerência. As prateleiras tinham muita inclinação para aguentar livros, aparelhos de tevê caros recebiam um acabamento rosa-bebê para terem cara de brinquedo. O próprio trabalho de Sottsass se baseara numa exploração retumbante dos efeitos da modernidade. Nos anos 1970, esses efeitos repercutiram nos subúrbios anônimos da Itália, para uso em sorveterias revestidas de cromo e hotéis três-estrelas de estâncias turísticas, se bem que de uma forma vulgarizada e sem vida. Sottsass evocou esse sabor em suas peças novas nos anos 1980. Ele deflagrou uma colisão entre o alto design e a cultura popular. As cores, os padrões decorativos e as formas obstinadamente fragmentadas tinham um impacto curiosamente forte. Pareciam pertencer a um passado inespecífico, ou a um futuro ainda obscuro.

Há um grupo de designers contemporâneos que trabalha com parâmetros semelhantes mas com uma visão estética completamente diferente. Para eles, a invenção constante de formas novas é uma distração quando há tantas formas antigas poderosas ainda com tanta vida. Preferem dar aplicabilidade contemporânea aos arquétipos, aperfeiçoando-os em vez de buscar sem cessar a novidade pela novidade.

O designer britânico Jasper Morrison e Naoto Fukasawa, de Tóquio, desenvolveram uma abordagem de design baseada nessa estratégia. Eles não imitam diretamente objetos específicos, mas voltam, sim, a arquétipos, e os aprimoram. Fukasawa, por exemplo, revisitou a calculadora. Trata-se de uma espécie que ficou quase supérflua por ter uma função prontamente disponível em todos os telefones celulares e computadores, e em muitos relógios de pulso. Uma peça fundamental de equipamento de escritório foi reduzida a um objeto funcional genérico que é dado de graça como suplemento de quase todo produto eletrônico. Mas Fukasawa reconfigurou e recriou o que ainda é essencialmente uma ferramenta útil. Em vez de comprometer suas funções, ele voltou à forma ótima da calculadora e retrabalhou os detalhes para reintroduzir a ideia de algo valioso. Também a reconduziu a uma escala apropriada, em vez de miniaturizá-la à custa da usabilidade.

O interessante na obra de Fukasawa e de Morrison, bem como na de James Irvine e Sam Hecht, que trabalham muito com a rede varejista japonesa Muji e sua proposta de dispensar marcas, é que eles começaram com uma linguagem visual que os emocionava; depois conceberam objetos que poderiam fazer uso dessa linguagem, os quais, depois, foram colocados em produção. Isso é muito diferente de o designer desenhar um objeto já idealizado pelo fabricante. Pode ser visto como exemplo inusitado do desenhista industrial como autor. Embora esses designers estejam trabalhando com uma espécie de anonimato, trata-se todavia de um anonimato forte a ponto de se ter tornado marca registrada, ainda que discreta.

Tudo isso não significa que só os arquétipos sejam importantes. Porque suas propriedades funcionais fluem até hoje, há outras categorias de objetos para os quais ainda está para ser criado um arquétipo. O telefone celular é uma forma tão complexa e interessante exatamente porque está em metamorfose constante, de um formato a outro, e promiscuamente agregando funções.

O mesmo objeto físico é a um só tempo câmera, telefone convencional e sistema de mensagem de texto. Pode também funcionar como relógio de pulso, diário, caderno de endereços, gravador de voz, tocador de música e rádio. E há também toda uma gama de outros papéis, não premeditados, que pode executar, desde detonador improvisado de artefatos explosivos a rastreador secreto dos movimentos das pessoas. Tal complexidade cada vez maior é impossível de conter, mas pouco faz para ajudar a criação de produtos úteis e fáceis de operar.

Uma combinação de funções é, em alguns aspectos, o que o livro, tecnicamente um arquétipo muito mais simples, oferece. Um caderno não precisa de manual de instruções para ser acionado. Você simplesmente acrescenta um lápis apontado e ele se torna um registro, uma agenda, uma base de dados e um diário. Mas o telefone celular, se este for pelo menos o nome certo para chamar esse objeto específico, está dispensando toda uma gama de objetos que tinham cada qual o seu arquétipo. A câmera pré-digital evoluíra ao longo de 50 anos, assim como o rádio e o relógio de pulso, para produzir uma linguagem formal bem-definida e sólida. Todas as pistas visuais que esses dispositivos já ofereceram para lidar com questões funcionais complexas estão agora ausentes em suas formas de telefone celular, que dependem do domínio de uma interface que é parte alfanumérica e parte de navegação.

Não surpreende que muita gente nunca vá além de usar um telefone celular com uma quantidade absurda de especificações apenas como um telefone. A pergunta que inevitavelmente se apresenta é: existem outras formas que poderiam ser mais adequadas? Será a pura portabilidade ubíqua que torna o telefone celular um aparelho tão poderoso? Mas isso também pode ser uma limitação — não apenas para operá-lo, mas até mesmo para encontrá-lo.

O telefone celular talvez precise ser entendido em outro arquétipo para expressar e tornar legível sua natureza multifacetada — algo como o canivete Swiss Army, quem sabe, embora esta seja uma comparação que demonstre o ponto de interrogação essencial sobre o telefone. Naturalmente, há um saca-rolhas incluído entre as várias lâminas do canivete, mas será que você escolheria esse saca-rolhas para abrir uma garrafa de vinho cara? Você usaria a agenda pessoal do seu telefone para registrar todos os seus compromissos em vez de usar o sistema em seu computador? E será esse telefone o melhor lugar para registrar seus sentimentos, suas angústias e seus prazeres mais íntimos?

No entanto, em vez de resolver esses conflitos, os fabricantes estão mais interessados em persuadi-lo de que você precisa de um telefone celular para a praia e outro para a casa, ou mesmo de um tipo para falar com os amigos e outro para ligações profissionais.

Eles já têm modelos específicos para cada sexo. E não se ganha dinheiro a valer com venda de telefones celulares, nem com simples ligações telefônicas, mas sim com a venda de todas as outras funções que é possível fazer que os celulares tenham, de baixar toques de campainha a ler manchetes.

O elemento de diversão pode certamente ser um aspecto de um arquétipo. Muitos brinquedos tentam apresentar a visão de mundo de uma criança como uma série de arquétipos: a casa é reduzida a um desenho, ou carros e canhões ficam reduzidos a diagramas. Cadeiras semelhantes a tronos para executivos seniores e canetas-tinteiro da grossura de lanternas fazem algo semelhante.

Outros usos da qualidade lúdica em objetos concebidos para adultos vêm do encanto de uma escala miniaturizada. Trata-se de uma atração que bem pode ter origens antropomórficas, do mesmo modo que somos geneticamente programados para reagir a bebês, que não são simplesmente adultos em escala menor, mas também têm proporções diferentes. O rosto e os olhos de um bebê são muito maiores em relação ao seu corpo que os de um adulto. É uma relação de proporção que maximiza o envolvimento emocional do contato visual, de que os adultos — presumivelmente mais aptos a cuidar de si mesmos — não necessitam tanto. Uma mãozinha ou um pezinho é capaz de derreter o coração adulto menos sentimental — um atributo útil para uma criatura nova que visa maximizar suas chances de sobrevivência, e, portanto, de êxito no processo de seleção natural. Também é uma característica que Walt Disney entendeu quando fez os prédios da Main Street na Disneylândia em tamanho menor para enfatizar seu quociente de graça infantil.

E, como com o Figaro da Nissan e o Twingo da Renault, pode-se ver a mesma estratégia aplicada na proporção dada a alguns automóveis. Claro que não se pode de fato pegar um carro nas mãos, mas há alguns carros que dão a impressão de que seria possível fazer isso, e estes são os que têm a propriedade de parecer atraentes. E não é só aos carros que se dá uma cara. O uso das características humanas ou animais são um tema subjacente de muito design de produtos.

A Apple tratou o primeiro iBook como um brinquedo para adultos. As linhas suaves lhe deram uma aparência engraçadinha e fizeram o que convencionalmente era considerado um equipamento profissional parecer divertido através do uso propositalmente surrealista de uma linguagem visual inesperada. A luz em volta da tomada lhe dava o caráter de um bicho de estimação doméstico. A ambígua transparência do material semelhante à borracha sugeria uma espécie de vulnerabilidade New Age. O plástico transparente desencadeou uma mudança de paradigma. Porque era tão diferente de tudo mais no mercado, o iBook logo virou um acessório visual nas imagens de publicidade, uma abreviação de vanguarda. Toda e qualquer empresa, no esforço de mostrar que não ficara para trás na era do vapor, comprava um par de iBooks para colocar em suas mesas da recepção, do mesmo modo como teria usado a luminária Tizio para mostrar que era decidida e eficiente. Fabricantes de tudo, de calculadoras de bolso a equipamentos de áudio, começaram a apresentar produtos de plástico transparente arredondado e de cores cítricas.

Um brinquedo não precisa só parecer engraçadinho. Precisa oferecer pelo menos a possibilidade de um nível de interação lúdica. Botões para apertar que possam dar uma espécie satisfatória de clique ao serem tocados fazem isso. E também interruptores que piscam quando acionados para cima ou para baixo.

Essas são relíquias da era mecânica que já está passando, mas têm seus equivalentes no mundo da tela. À medida que as máquinas usam menos peças móveis e desenvolvem menos sistemas operacionais mecânicos, esses antigos aspectos dos objetos são introduzidos de maneiras novas e diferentes. Os sons que uma máquina faz podem ficar muito melhor calibrados quando baseados em métodos digitais. A função de câmera num telefone celular, por exemplo, detona o som de um obturador — a evocação de uma função tecnologicamente redundante que logo nada significará para uma geração que não conheceu a fotografia de película nem ouviu o ruído mecânico em que se baseia a versão digital.

O design é considerado uma linguagem principalmente visual. Usa a cor para sugerir brincadeira ou masculinidade e o formato para envolver os usuários nas funções ou informá-los a respeito delas. Mas é muito mais que isso: o design usa todos os sentidos. O cheiro de couro, madeira ou tinta transforma nossas reações a um carro, a um interior ou a um livro recém-saído da gráfica. As fragrâncias são preparadas com a habilidade de gerações de especialistas para transmitir um amplo leque de mensagens, contando com associações baseadas na memória. O toque suave do tecido, a frieza do metal, a condição do travertino que foi aquecido ao sol, o ruído de um teclado em uso ou de um interruptor, ou de um obturador de câmera, também começaram a adquirir características simbólicas que são tão avaliadas e manipuladas como qualquer signo visual. Preparar comida e fazer vinho geralmente não são considerados design, mas têm muita relação com isso. E nosso sentido do paladar determina nossas respostas a muitos objetos — sobretudo à porcelana ou ao vidro que usamos para os utensílios que utilizamos para as refeições.

Os designs mais brilhantes são os que usam simultaneamente todas essas características, e fazem isso conscientes do que podem fazer.

Capítulo Três

Luxo

Luxo

"Luxo", afirmou certa vez o arquiteto Rem Koolhaas, "é estabilidade". Animando-se com seu jeito declamatório usual, prosseguiu para emitir um manifesto: "Luxo é 'lixo'. Luxo é rico. Luxo é inteligente. Luxo é bruto. Luxo é contemplação." O estilo pode ser mais sugestivo de um redator com a conta de uma fragrância que do mais respeitado teórico da arquitetura de sua geração, mas ele concluiu, sem discussão, que "Luxo não é 'comprar'".

Na verdade, a flutuação bulímica entre a gratificação e o sentimento de autorrepugnância gerado pela compulsão de comprar demais, depressa demais, é exatamente o que o luxo se tornou. Nem sempre foi assim. O fenômeno da compra é o resultado de uma aceleração enorme e muito recente do ritmo com que consumimos. Luxo teve outros significados no passado.

Luxo era a trégua que a humanidade encontrava para si da luta diária pela sobrevivência. Era o prazer a ser encontrado na compreensão da qualidade das coisas materiais que eram feitas com cuidado e seriedade. Era o aspecto da natureza de um objeto que nos permite compartilhar o prazer que ele dava a seu designer ou a seu fabricante. Era um reflexo de inteligência, bem como de sensações táteis.

O alívio que o luxo podia oferecer é o que encorajava os déspotas mais brutais e violentos a financiar eruditos e artesãos para criá-lo. É devido aos recursos que eles exigiam que o luxo é uma característica que também se tornou um sinal de status, destacando um grupo social de outro.

A escassez pode transformar as coisas mais simples em luxo. É mais difícil entender direito o luxo numa era de fartura. Quando a alternativa é um poço manual a oitocentos metros de distância, sob um sol escaldante, uma bomba elétrica, um fornecimento de energia confiável e uma tubulação de plástico podem trazer para uma comunidade inteira o luxo antes inimaginável de um abastecimento de água constante. Mas quando a bomba funciona 24 horas por dia, e cada torneira da aldeia está preparada para dar água limpa a qualquer momento, então um privilégio extraordinário já não parece luxo. Tornou-se o direito mais básico, e perdê-lo é ser violentado.

Mas compare a sensação de um gole de uma água de nascente pura e gelada, tirada de uma torrente correndo num rochedo, com a experiência mais corriqueira de encher um copo com água do filtro. Contanto que seja uma opção feita livremente, e não uma necessidade diária imprescindível, aquele gole é a experiência mais intensa e mais emocionante e, pode-se dizer, bem mais luxuosa das duas.

A fábrica de luxo contemporânea se baseia na criação de objetos num mundo de água encanada que pode artificialmente reproduzir a experiência da torrente. Seu alvo principal é a classe cada vez mais numerosa dos ricos. Em *Modos de ver* John Berger divide o mundo em dois: o daqueles cujo papel econômico é primeiro trabalhar e depois consumir e o daqueles que empregam seu capital para explorar as pessoas na primeira categoria. Berger sugeria que os ricos conquistaram para si um alívio da obrigação de se tornar consumidores obedientes. Dizia que eles não têm de aguentar a publicidade que o restante de nós é obrigado a suportar, uma vez que se deixa que usem sua riqueza como quiser. Isso não reflete o mundo tal como hoje o conhecemos. Os números dos imensamente ricos explodiu, e o luxo se transformou de modo incontrolável de artesanato em indústria, em parte para satisfazer seus gostos, mas também para se alimentar de sua riqueza.

A busca por luxo é mais onipresente agora do que em qualquer outro momento da história. Na ausência da escassez, o luxo adquiriu um papel para além do seu uso como sinal social codificado de privilégios. Em 2007, a Selfridges, a loja de departamentos de Londres, gastou 25 milhões de libras para transformar quase todo o seu andar térreo no que chama de Salão de Curiosidades, uma referência totalmente deliberada às *Wunderkammern* dos colecionadores do século XVII e ao Museu Pitt-Rivers em Oxford, que misturavam relíquias religiosas e espécimes botânicos. A versão da loja de departamentos é um museu em que tudo está à venda e onde corpulentos homens falando russo e envergando ternos garantem que os clientes paguem pelas peças antes de deixar o local. Podem-se ver garrafeiras e mais garrafeiras de vinhos Bordeaux — o Château Lynch-Bages custa a partir de 550 libras a garrafa. Há uma cédula verde antiga de libra com a assinatura "Ronnie Biggs, Rio" à venda por 750 libras, um laptop incrustado de diamantes por 33,3 mil libras e um balcão cheio de telefones celulares Vertu a 3 mil libras cada um. Há bolsas de acrílico impossíveis de ser abertas, com próteses no interior — obra de um designer holandês — e vasos desenhados pela arquiteta Zaha Hadid. Quase toda a área do andar térreo de uma loja de departamentos convencionalmente é reservada a fragrâncias — elas proporcionam uma margem de lucro maior. Mas a Sala das Curiosidades sente-se confiante a ponto de plantar suas enormes campinas abertas com vitrines e mais vitrines de relógios de pulso. Os relógios oferecem uma margem ainda maior, contanto que haja clientes suficientes preparados para pagar 5 mil libras por um cronógrafo em oposição a 120 libras por um vidro de perfume.

Num momento secular, em que nem a magia nem a religião — as molas mestras originais da arte — dispõem de todo o prestígio de que já dispuseram, o luxo pode ser considerado uma alternativa sintética. Para certos objetos, o conceito de luxo é usado para criar a aura antes propiciada pela arte. Não é preciso se acreditar em Deus nem em magia para ser seduzido de alguma maneira, mínima que seja, por uma versão banal de luxo. Mas, a julgar pelo tom messiânico de Koolhaas, o luxo em si pode ainda se tornar um culto religioso. Certamente, o luxo virou a força motriz que abastece as economias industriais ocidentais. Estas relegaram a fabricação básica para a China e se concentram em construir carros que recendem a couro cuidadosamente curtido e têm portas pesadas que batem com uma suavidade tranquilizadora ao serem fechadas. A Europa está se dedicando a fabricar roupas e malas caras, relógios de pulso de precisão incrível e aviões militares feitos de fibra de carbono e ligas exóticas capazes de voar à velocidade do som.

Cada um desses itens é um luxo ostensivo de determinado tipo. A rigor, não precisamos de nenhum deles, mas, se não os fizéssemos e depois os comprássemos, a economia da qual dependemos para nossa sobrevivência padeceria. Portanto, num sentido, certamente precisamos deles.

O luxo num período impulsionado pela tecnologia de obsolescência turbinada é uma propriedade de abordagem complexa. Cravejar um laptop de diamantes parece uma forma curiosamente ineficaz de encantar seu dono. Fabricantes de relógios de pulso foram inteligentes em aferrar-se à miragem de um objeto que ainda atravessa gerações.

Mas luxo é um conceito sempre mais elusivo no contexto contemporâneo. É cada vez mais difícil fazer um objeto que dê a sensação de ter os requisitos suficientes para ser considerado fora do comum. O incrível é que o conceito tenha sobrevivido, quando se possui muito mais coisas e estas são tão mais fáceis de fazer que no passado, quando os talentos eram segredos ciosamente guardados, passados de geração a geração. É ainda mais extraordinário que o luxo tenha conseguido conservar seu fascínio, dada a natureza arcaica de tantos objetos que, teoricamente, o encarnam. Parece mais fácil imbuir de luxo categorias de objetos prestes a se tornarem redundantes do que criar categorias novas que possam demonstrar o que é luxo.

Mas a teoria de que a Grã-Bretanha manipula a tradição por sua conta e risco, por causa de seu potencial econômico, sofreu um golpe quase fatal com a falência do, britânico por excelência, Banco Barings. Indícios de tradição no trabalho, sejam homens curiosamente equipados tocando sinetas no Lloyd's ou as casacas cor-de-rosa dos porteiros do Banco da Inglaterra, agora são vistos como sinal de alerta. Antes da quebra do Barings, a pátina de lambris feitos com carinho, os metais polidos e o couro gasto que seu nome continuava sugerindo falavam calmamente de qualidade e confiabilidade. Agora, as mesmas pistas visuais sugerem com urgência exatamente o oposto.

Para que o luxo sobreviva, as tradições de que ele depende, longe de continuarem as mesmas, precisam ser continuamente reinventadas.

Alguns objetos são mais redundantes que outros. O relógio de pulso ainda conserva seu prestígio. Mas a caneta-tinteiro está deixando de ser tão atraente quanto já foi. Durante algum tempo, a caneta foi apresentada como mais do que um prático apetrecho para escrever. Era um bem que podia ser passado de pai para filho — o tipo de objeto industrial que poderia fazer parte de um rito atávico de chegada à maioridade. A tampa protetora podia ser desenroscada devagar e com reverência para revelar uma pena de ouro. As proporções eram satisfatoriamente imperiosas, e podiam ficar mais ainda quando se colocava a tampa na extremidade posterior do corpo do utensílio. Havia um clipe na tampa para sinalizar discretamente a presença da caneta mesmo quando escondida no bolso do paletó.

A caneta-tinteiro está prestes a ter o mesmo destino que coube à máquina de escrever portátil. O conceito básico perdeu a relevância. Os teclados reduziram drasticamente as oportunidades de demonstrar uma caligrafia elegante. As canetas ainda têm aqueles clipes, porque é o que sempre tiveram, mas é cada vez mais reduzido o número de pessoas dispostas a se arriscar a levá-las no bolso de um paletó — reservatórios de tinta e penas tradicionais são notoriamente propensos a vazar em mãos e roupas. As pontas esferográficas são uma alternativa menos arriscada. Mas, mesmo quando equipada com um corpo tão lustroso e uma tampa idêntica à da caneta-tinteiro, a versão esferográfica de uma marca não tem o mesmo carisma nem alcança o mesmo preço por mais quilates que tenha o ouro do seu acabamento.

O relógio de pulso, por sua vez, conseguiu manter sua posição como um produto desejável praticamente com o mesmo formato que assumiu no início do século XX, quando Cartier começou a fazê-lo para homens, sendo pouco depois seguido pela Rolex. O relógio de pulso tradicional conseguiu superar a explosão da tecnologia de quartzo, apesar de ter balançado com a introdução dos mostradores digitais em oposição aos analógicos, a precisão produzida em massa, e o impacto da moda exemplificado pelo fenômeno Swatch.

O que torna o relógio de pulso diferente da caneta é o seu formato ter nascido de uma colaboração entre joalheiros, que faziam as caixas, e relojoeiros, que, nos primórdios, forneciam as peças do mecanismo. A joalheria, há muito tempo, aborda a interação emocional e tátil entre pessoas e coisas. Trata-se de uma interação que todos os tipos de objeto pessoal precisam conseguir realizar se quiserem alcançar uma ressonância emocional, embora sejam poucos os que conseguem.

Naturalmente, as tecnologias arcaicas têm seu apelo. Os entusiastas da tecnologia de gravação de meados do século XX mantiveram vivo o disco de vinil. E há fabricantes que voltaram ao uso de válvulas, em vez de circuitos impressos para amplificadores. Mas o encantador facilmente cai no grotesco. Quando leituras digitais substituem cada vez mais os mostradores e instrumentos nos painéis dos carros, como se pode fazer com que uma faixa de raiz de nogueira, desenhada como pano de fundo de um conjunto de mostradores cuidadosamente delineados, os acomode de forma convincente? Quando se tenta isso, a raiz de nogueira vira um anacronismo, não uma vantagem. Não é sinal de luxo, mas de pretensão.

Por estar sempre na mão, e perto da boca e da orelha, o telefone celular tem uma relação com o usuário tão íntima quanto a que este tem com um relógio de pulso. A interface visual, o ruído feito e o mecanismo que protege o teclado oferecem a um designer muitas possibilidades para dar uma personalidade aos telefones celulares. Mas, quando tentaram produzir o que chamam de produtos de luxo, seus fabricantes tiveram uma dificuldade muito maior do que os fabricantes de relógio. A estratégia habitual foi usar metais e pedras preciosos da maneira mais evidente possível. Mas uma caixa folheada a ouro para um objeto que é tecnicamente ultrapassado depois de seis meses parece uma extravagância irritante mesmo numa cultura de excesso. Em vez de o ouro dar lustre ao telefone, o telefone mina o prestígio do ouro como material quando usado dessa forma.

Tentativas de criar o que se chama de laptops de luxo foram igualmente inúteis. Teclados de madeira, caixas de couro ou mesmo estruturas de fibra de carbono simplesmente pareciam incoerentes. É a velocidade do disco rígido e a eficácia do sistema operacional que nos deixam interessados num computador, não a apropriação de materiais anacrônicos na tentativa de lhe dar personalidade.

O luxo costumava ser entendido de forma bem diferente. Quando, em 1754, William, o quinto conde de Dumfries, encarregou Thomas Chippendale de lhe desenhar cinquenta móveis, desejava algo que se ajustasse sem dificuldade com a precisão implacável mas belamente simétrica da nova casa que os irmãos Adam estavam construindo para ele. Desejava também uma coleção

Robert e John Adam construíram a Dumfries House, e Chippendale foi incumbido de desenhar o mobiliário. A estante de frontão quebrado e o resto da mobília da casa estiveram prestes a ser leiloados com um lance mínimo substancialmente mais alto que o da casa inteira, mais as terras, sugerindo como a arquitetura cultural hierárquica se encontra em baixa.

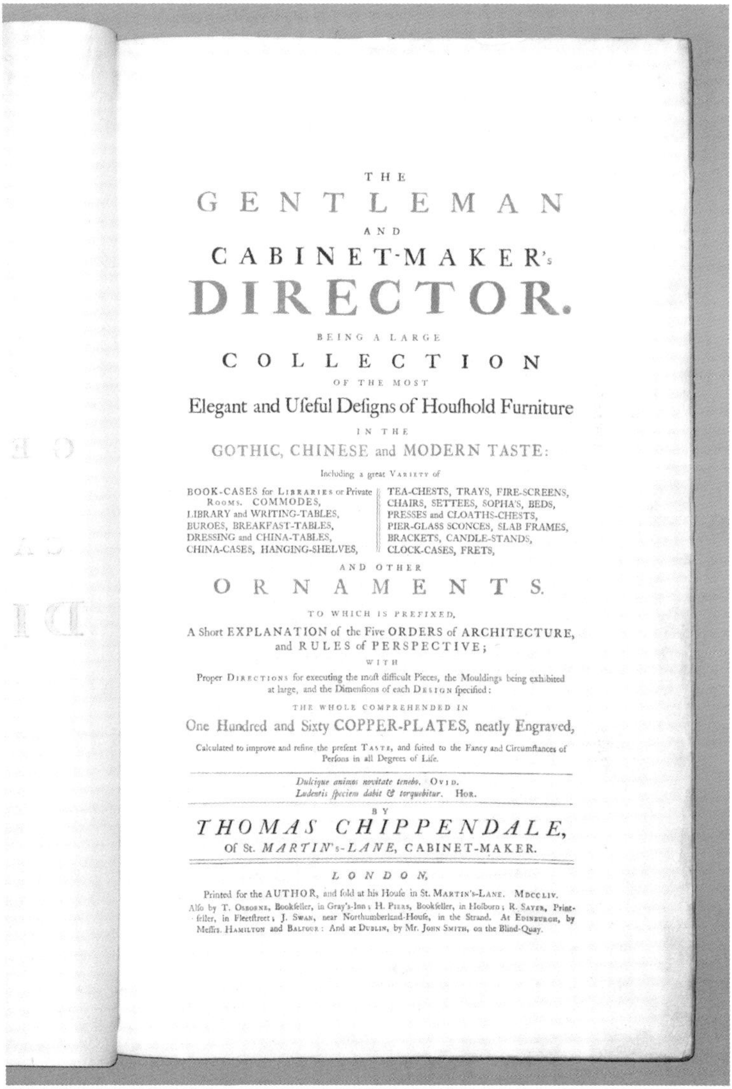

THE
GENTLEMAN
AND
CABINET-MAKER's
DIRECTOR.
BEING A LARGE
COLLECTION
OF THE MOST
Elegant and Ufeful Defigns of Houfhold Furniture
IN THE
GOTHIC, CHINESE and MODERN TASTE:
Including a great VARIETY of

BOOK-CASES for LIBRARIES or Private ROOMS. COMMODES, LIBRARY and WRITING-TABLES, BUROES, BREAKFAST-TABLES, DRESSING and CHINA-TABLES, CHINA-CASES, HANGING-SHELVES, TEA-CHESTS, TRAYS, FIRE-SCREENS, CHAIRS, SETTEES, SOPHA'S, BEDS, PRESSES and CLOATHS-CHESTS, PIER-GLASS SCONCES, SLAB FRAMES, BRACKETS, CANDLE-STANDS, CLOCK-CASES, FRETS,

AND OTHER
ORNAMENTS.
TO WHICH IS PREFIXED,
A Short EXPLANATION of the Five ORDERS of ARCHITECTURE, and RULES of PERSPECTIVE;
WITH
Proper DIRECTIONS for executing the moft difficult Pieces, the Mouldings being exhibited at large, and the Dimenfions of each DESIGN fpecified:
THE WHOLE COMPREHENDED IN
One Hundred and Sixty COPPER-PLATES, neatly Engraved,
Calculated to improve and refine the prefent TASTE, and fuited to the Fancy and Circumftances of Perfons in all Degrees of Life.

Dulcique animos novitate tenebo. OVID.
Ludentis fpeciem dabit & torquebitur. HOR.

BY
THOMAS CHIPPENDALE,
Of St. *MARTIN's-LANE*, CABINET-MAKER.

LONDON,
Printed for the AUTHOR, and fold at his Houfe in St. MARTIN's-LANE. MDCCLIV.
Alfo by T. OSBORNE, Bookfeller, in Gray's-Inn; H. PIERS, Bookfeller, in Holborn; R. SAYER, Printfeller, in Fleetftreet; J. SWAN, near Northumberland-Houfe, in the Strand. At EDINBURGH, by Meffrs. HAMILTON and BALFOUR: And at DUBLIN, by Mr. JOHN SMITH, on the Blind-Quay.

Seguindo uma linha de Vitruvius e Palladio, Chippendale produziu um esplêndido guia de seu design, tanto como manifesto quanto como catálogo de vendas.

de objetos luxuosos que pudesse ser lida em vários níveis. Seu objetivo pretensamente funcional era apenas um aspecto da encomenda. As especificações do conde incluíam cadeiras em que as pessoas comessem à mesa, escrivaninhas às quais se sentassem e camas em que dormissem. Todas essas funções eram desempenhadas de modo adequado pelo conjunto de objetos um tanto diferentes e consideravelmente mais baratos utilizados para mobiliar as partes da casa usadas pelos criados de Dumfries. Mas Dumfries queria algo mais.

O trabalho de Chippendale, em contraste com o mobiliário do andar de baixo, pretendia demonstrar a riqueza e o poder da família que o encomendou, seu conhecimento das coisas e sua estirpe. Era o símbolo do luxo de fato, desenhado, nas palavras que tornaram tão famoso o livro de Thorstein Veblen, *A teoria da classe ociosa* (1899), com o propósito do "consumo conspícuo". Para a classe ociosa, os objetos desenhados para ser consumidos dessa forma não eram algo que seus donos possuíssem para viver com conforto. Antes, possuí-los servia para demonstrar que se estava em posição de tê-los e apreciá-los.

Tais objetos, sugeria Veblen, não precisam apenas ter uma beleza intrínseca: precisam também ter uma bela aparência para alcançar seu objetivo, como rabos de pavão. Parecer caro simplesmente não basta. É preciso sinalizar valor e ambição da maneira correta. Com certos tipos de objeto, é preciso saber um pouco sobre eles para entender como são preciosos. Nem todo mundo pode ter informações privilegiadas. Esta era a questão: as pessoas a quem Dumfries desejava comunicar uma mensagem por meio de sua nova casa e seu conteúdo entenderiam para o que estavam olhando. Exatamente do mesmo modo, os mensageiros de bicicleta usam um pedaço de corrente para segurar seus selins não só por ser caro substituir um selim, mas também para mostrar que pertencem a um grupo. É um grupo cujos membros acreditam que freios estragam a aparência de suas máquinas, e que abominam o câmbio de marchas. Eles entendem a linguagem oculta dos iniciados, e sabem o que torna máquinas idênticas tão diferentes umas das outras.

O mundo é feito de inumeráveis grupos de iniciados desse tipo. Há os que adquiriram uma obsessão tão grande por óculos escuros que chega às raias do autismo grave. Estas pessoas esperam que você saiba que suas armações feitas por encomenda vêm da mesma oficina italiana das usadas por Steve McQueen nos filmes, antes que você as levasse a sério. E há praticantes de *snowboard*, surfistas, motociclistas e aficionados por música, caçadores e pescadores que têm suas próprias subculturas definidas em termos de objetos e da *expertise* que possuem, assim como há entusiastas de Chippendale que sem dúvida sabem muito mais a respeito desse estilo do que Dumfries sabia.

Chippendale encarnou o comedimento aristocrático em seu trabalho. Preferia objetos bem-proporcionados a enfeites muito elaborados. Mas usava, sim, madeiras preciosas, enviadas do mundo inteiro para sua oficina. A estante de frontão quebrado da Dumfries House, por exemplo, com sua prancheta embutida, era feita com três tipos de madeira diferentes: sequoia rosa, pterocarpo e sabicu. No século XVIII, poucos conseguiam reconhecer qualquer uma delas, mas na Escócia do século XVIII bem poucos conseguiriam algum dia ver qualquer um dos móveis de Dumfries. Por outro lado, pode-se seguramente contar que o tipo de convidados que o conde recebia em casa entendiam que o relativo comedimento expressivo da decoração do mobiliário do anfitrião era uma opção estética, denotando antes confiança do que economia forçada. E a própria casa por certo teria ajudado a transmitir a mensagem.

Chippendale não era menos exótico em suas fontes de inspiração do que nas florestas que abasteciam sua oficina de madeira. Desenhou um par de espelhos em estilo chinês para a Dumfries House com cristas em forma de pagode, flanqueado por uma trupe de orientais de bigode. O estilo *chinoiserie* do início da carreira de Chippendale refletia o fascínio europeu com o que era visto como o exotismo do Oriente. Também sugeria que Dumfries era interessado no mundo moderno, um homem cujo gosto seguia a moda.

O fetiche dos objetos, sua procedência e suas associações, ilustrados pelos óculos escuros de Steve McQueen, são ponto de partida da cobiça do colecionismo.

A cama rococó de quatro colunas em mogno com capitel de folhas de palmeira, fornecida para o quarto azul, vinha com festões azuis e dourados. E, 250 anos depois, cama e festões continuam lá. Em si mesmo, tal grau de longevidade é um sinal poderoso da autoconfiança de uma família que faz as próprias regras sobre gosto e vive fora das definições de moda. Em 1759, Chippendale cobrou 90 libras e 11 xelins pela cama — mais do que suficiente para construir uma casa para os trabalhadores da propriedade de Dumfries. A estante, que custara substancialmente menos que a cama a Dumfries quando nova, foi a leilão em 2007 com um lance mínimo de 4 milhões de libras.

Como disse Veblen:

> A utilidade de artigos valorizados por sua beleza depende do preço que custam. Uma colher de prata artesanal, de valor comercial de 10 a 20 dólares, normalmente não é mais útil do que uma industrializada do mesmo material. Pode nem sequer ser mais útil do que uma colher industrializada de algum metal comum, como alumínio, que talvez não valha mais de 10 centavos. Se um exame atento mostrasse que a suposta colher artesanal fosse na realidade apenas uma citação muito habilidosa de bens feitos artesanalmente, mas uma imitação tão habilidosa que desse a mesma impressão de linha e utilidade a qualquer exame salvo o minucioso, feito por um olho treinado, a utilidade do artigo, incluindo a gratificação que o usuário obtém em sua contemplação como objeto de beleza, logo seria 80 ou 90 por cento menor, ou talvez mais. A gratificação maior encontrada no uso e na contemplação de produtos caros e supostamente belos costuma ser, em grande medida, uma gratificação de nossa ideia de preço alto, disfarçada sob o nome de beleza. A exigência de desperdício conspícuo costuma não estar presente, de forma consciente, em nossos cânones de gosto, mas não obstante está presente como norma restritiva, moldando e sustentando de modo seletivo nossa ideia do que é belo, e guiando nosso critério com respeito ao que pode ser legitimamente aprovado como belo e o que não pode.

Nos termos de Veblen, o mobiliário de Dumfries passou a representar consumo numa escala cada vez mais conspícua nos dois séculos e meio desde que foi feito.

Além do mobiliário, todo o prédio da Dumfries House podia ser considerado um troféu. A razão pela qual a casa sobrevive mais ou menos no estado original é nunca ter sido a casa principal de uma família. Dumfries morreu sem filhos, e a propriedade passou para o ramo Bute da família, radicado em Mount Stuart. Os Bute ganharam uma fortuna com o carvão galês, mas, com os sombrios vestígios da Revolução Industrial batendo à porta da Dumfries House, que se ergue em meio a um terreno de aterro criado com o refugo dos campos de carvão de Ayshire (a poucos quilômetros da cidade natal de Keir Hardie, fundador do Partido Trabalhista), eles preferiram não morar ali. Foi uma omissão benéfica que manteve a casa quase no mesmo estado em que estava quando nova.

O mobiliário de Chippendale pretendia animar a arquitetura dos finos aposentos da casa, motivo pelo qual, 250 anos depois, quando o sétimo marquês de Bute decidiu se livrar da residência, do terreno em que se ergue e de todo o mobiliário que herdara, houve uma campanha indignada para manter o conjunto. Como se fosse para demonstrar a atração de um objeto facilmente portátil quando comparado com obras de arte ou arquitetura menos móveis, os corretores que vendiam a casa estabeleceram um preço de 6,75 milhões de libras pelo prédio e os oito quilômetros quadrados que vinham junto, enquanto o mobiliário seria leiloado com um lance mínimo de 14 milhões de libras. O problema foi finalmente resolvido quando o príncipe de Gales emprestou à National Trust da Escócia os recursos para comprar a casa de porteiras fechadas.

O fato de o príncipe ter abraçado a causa da Dumfries House demonstra que, em 2007, uma cadeira Chippendale tinha um status muito diferente do que tinha como objeto da moda quando nova. Chippendale se tornara antes sinônimo de tradição que de luxo. Como se para sublinhar tais flutuações em termos de gosto, o atual marquês de Bute prefere investir na preparação de designers contemporâneos, como Jasper Morrison, para trabalhar na tecelagem Bute. E seu pai batera de frente com o príncipe de Gales em sua determinação de construir um novo Museu Nacional da Escócia, em Edimburgo, em estilo contemporâneo. O príncipe pediu exoneração do comitê de captação de recursos quando o museu se negou a aceitar seu veto ao arquiteto escolhido.

A questão mais instigante no que diz respeito à Dumfries House agora é por que haveria uma ligação tão forte, se bem que sentimental, entre arquitetura e mobiliário. É verdade que conteúdo e continente foram concebidos como um bloco único. Como já mostrou o historiador de arquitetura Mark Girouard, a vida social numa casa de campo no século XVIII era conduzida como um intrincado conjunto de rituais. A arquitetura da casa era o palco, o mobiliário, o cenário. E o diálogo entre ambos era a ambientação para muito mais do que a vida doméstica da família. Muita coisa era familiar a partir da forma como todas as culturas anteriores haviam entendido e utilizaram o luxo. Mas, na época de Chippendale, o mobiliário não era um elemento arquitetônico em um interior. Estava ali antes para ser movido como conviesse do que para ser fixo no local. Mas a importância da Dumfries House hoje está no valor que se estabelece quando casa e conteúdo não são desmembrados. Isso se dá em parte porque a combinação de ambos reforça a sensação de sua autenticidade. Mas também sugere uma tentativa de mostrar que foi Dumfries, não Chippendale ou Adam, o verdadeiro gênio criador responsável pelo conjunto.

Há indivíduos que fizeram coleções de objetos com uma repercussão autêntica. A superfície da mesa de Sigmund Freud, por exemplo, era atulhada de vestígios de sua paixão da vida inteira pela aquisição de esculturas clássicas. Freud levou consigo a coleção para a Inglaterra quando precisou fugir da Viena controlada pelos nazistas, e se deu o trabalho de mandar fotografá-la *in situ* antes de partir. As imagens dão uma ideia da mente que usava os fragmentos da perfeição clássica como metáfora de sua exploração das personalidades danificadas, cujo passado ele investigava para tentar entendê-las.

O amontoado cuidadosamente documentado na mesa de Freud demonstra uma vida inteira de contemplação da repercussão psicológica da acumulação de objetos.

Outras coleções são menos interessantes. O politicamente bem-relacionado Armand Hammer teve o egocentrismo de batizar de Código Hammer um manuscrito de Leonardo, apenas por ter sido seu dono por algum tempo.

Dumfries, que foi um soldado a serviço do estado-maior do rei George II na Batalha de Dettingen, era também cientista e astrônomo e nitidamente um homem de múltiplos talentos. Mas não era Freud. Foi a obra de Chippendale que marcou o verdadeiro ponto de partida, não a encomenda.

As marcas históricas que Bill Gates deixará são de natureza diferente das de Dumfries. Não é muito provável que ele inclua o mobiliário de sua casa perto de Seattle, apesar dos melhores esforços de seu decorador, Thierry Despont. Gates, Larry Ellison ou uma infinidade de bilionários graças à internet ou a fundos de derivativos, ou de oligarcas russos, poderia incumbir Marc Newson ou Philippe Starck de construir seus banheiros ou decorar seus jatos Gulfstream. Mas, por baixo do mármore, da pintura e dos estofados de Naugahyde, tudo seria exatamente igual a qualquer outro spa ou Gulfstream. E se esses designers fossem incumbidos de mobiliar uma casa, não há sinal de que alcançariam nada que chegasse à altura das possibilidades e da criatividade da combinação dos irmãos Adam e Chippendale.

Talvez só a mania de construir iates entre os super-ricos de hoje chegue perto de combinar a escala e a qualidade do que seus precursores tentaram alcançar. A obsessão de Roman Abramovich por barcos e dimensões o levou a encomendar um navio de 500 pés, mais ou menos da mesma forma que alguns de seus colegas milionários estão brigando para construir o mais alto arranha-céu. Esteticamente mais impressionante, mas igualmente indulgente, é o fenômeno da America's Cup, com um círculo dos ricos financiando barcos belíssimos, construídos a serviço da velocidade e do ego, e com uma ambição de excelência que Chippendale certamente teria reconhecido.

Chippendale produziu um de seus desenhos sob o título *The Gentleman and Cabinet Maker's Director*, um catálogo de vendas, com edição do autor, lindamente impresso. Nele, o artista oferecia um conjunto de objetos numa variedade de estilos e graus de elaboração que seus clientes podiam escolher ou, se tivessem vontade, adaptar a seu gosto. Era uma estratégia de marketing que antes só poderia ser contemplada por arquitetos com muitos recursos. Nesse sentido, Chippendale foi um pioneiro na emergência do design como um aspecto distinto da fabricação de objetos. Essa publicação abriu um caminho que acabaria levando ao catálogo da Habitat e à IKEA.

Chippendale também pode ser visto como um pioneiro em criação de marca. O lustre com seu nome se estendeu para cobrir a obra de muitos artesãos que trabalhavam numa rede de oficinas. Essa rede não só se expandiu para incluir seu filho, que acabou assumindo a empresa, mas também, através dos moldes de desenho publicados no catálogo, forneceu um modelo para oficinas em lugares distantes como os Estados Unidos. Entretanto, Chippendale nunca chegou tão longe como o tipo de expansão de marca que se tornou um aspecto tão importante da indústria do luxo contemporânea. Fabricantes de malas como Prada e Gucci entraram no ramo da moda, e joalheiros e fabricantes de relógios colocam seus nomes em perfumes. Até a marca de automóveis Ferrari é usada como um distintivo em roupas caras.

Como Chippendale, Terence Conran, o fundador da Habitat, pode não ter sido o designer mais original de seu tempo. Mas certamente foi o mais influente. O que de fato faz que Conran se destaque é a forma como consegue criar um estilo de vida que os outros querem viver. É o mundo segundo Conran, uma tentativa de tornar um pouco fora do comum lugares-comuns e banais. Os catálogos da Habitat resumiam esse mundo, e nos davam a sensação de estarmos todos encostando o nariz no vidro para espiar o Natal de alguém. Mesmo do outro lado do vidro, tudo parecia atingível. Trata-se de sonhos, obviamente: da França como gostaríamos que fosse, não como na verdade é, e da vida de família como deveria ser. Na sala de estar de Conran, cadeiras de plástico novas em folha podem se encontrar confortavelmente ao lado de achados de brechós e uma ou outra peça antiga.

A Habitat começou como o estilo preferido de estudantes e jovens profissionais sem dinheiro que montavam a casa pela primeira vez. E, pouco a pouco, em estágios quase imperceptíveis, deixou de lado esse passado para ser o estilo característico da Grã-Bretanha adulta. Essa mudança de geração teve sua apoteose na noite em que os Blair levaram Bill e Hillary Clinton para jantar no Pont de La Tour, o restaurante de Conran à beira do Tâmisa. Mas, obviamente, a Habitat agora também adquiriu um pouco da aura de uma peça de época, recuando em face dos gostos de outra geração.

Conran mostrou como a mácula persistente do mobiliário da Utility, lareiras a gás cujo tempo de funcionamento era comprado com moedas e banhos limitados a 8 centímetros de água quente na banheira por pessoa poderiam ser dissipados com uma mão de tinta cor de laranja, uma máquina de calafate e algumas mantas indianas espalhadas. Foi a sala de estar em sua casa de Regent's Park Nash que ganhou o lugar de destaque no *House Book*, a resposta de Conran ao *Guia* de Chippendale, que teve dez edições entre 1974 e 1983. A sala é pintada de um tom de creme. O piso é de tábua corrida, claro. Em segundo plano, uma pintura contemporânea impressionante está pendurada em cima da lareira de mármore original. O fogo arde na grade, alimentado pela lenha de um imenso cesto de vime. Há uma cadeira desenhada por Vico Magistretti a uma mesa, enquanto o enorme sofá é flanqueado por um par de cadeiras Mies van der Rohe e um bando de gigantescos pufes cobertos de tecido listrado. Há uma lâmpada spot na mesa de centro.

A abordagem de gosto da IKEA é mais imperativa. Conran deixava a pessoa decidir por si mesma. A estratégia da IKEA em todos os países onde firmou presença é recusar-se a mover um só milímetro de sua fórmula testada. Todos os seus produtos recebem nomes escandinavos, o café serve almôndegas suecas, e o gosto é da IKEA, não de seus clientes. Na Grã-Bretanha, em vez de adaptar seu produto ao gosto local, a IKEA lançou uma agressiva campanha publicitária visando a modificar o suposto gosto nacional por tecidos florais.

Terence Conran ofereceu a própria casa para figurar no catálogo da Habitat como modelo para seus clientes. O catálogo dá uma ideia bem exata dos gostos e aspirações das classes médias urbanas britânicas nas décadas de 1970 e 1980, exatamente como Chippendale estabeleceu o padrão para a casa de campo do século XVIII.

Enquanto os varejistas mudam tradicionalmente para satisfazer o gosto de seus clientes, a IKEA se mantém firme, usando suas campanhas publicitárias para persuadir os britânicos a "jogar fora seus estofados florais".

E trouxe para o varejo a técnica de administração de clientes baseada no ame-a ou deixe-a de uma agressiva empresa aérea econômica.

Chippendale era menos seguro de si. Sentiu necessidade de usar as páginas de seu livro para refutar o que chamava de calúnias de rivais maliciosos, os quais afirmavam que alguns de seus desenhos eram impossíveis de executar, e que a imaginação criativa e o narcisismo do designer estavam superando as habilidades do fabricante. O design apresentava uma chance para o exercício do ego de uma forma que o artesanato não fazia.

Para Dumfries, não havia outro padrão pelo qual avaliar o luxo senão os protocolos do artesanato. O pterocarpo podia ser uma madeira exótica, mas não era policarbonato. Ainda era um material com características com que um artesão habilidoso podia lidar. Até meados do século XIX, o luxo ainda era um fenômeno inextricavelmente ligado à ideia de artesanato, fosse através da sobrevivência de práticas e técnicas tradicionais, ou da forma em que tais técnicas e estéticas eram o ponto de partida para imagens que as novas indústrias tentavam copiar.

Mas o inverso também aconteceu. Embora a voz mais influente na formação das ideias sobre design no século XIX fosse William Morris — que considerava a Revolução Industrial um mal total e absoluto que minava tradições de arte ao produzir uma enxurrada de cópias mecânicas dos êxitos criativos de fabricantes tradicionais —, as pessoas não podiam deixar de ter seus preconceitos visuais recalibrados pelas formas e pelos acabamentos que caracterizavam a produção em massa feita em escala industrial. A primeira vez que viram as pistolas que Samuel Colt estava fazendo, os britânicos ficaram chocados com a facilidade técnica com que eram produzidas, mas também com a simplicidade exposta que o processo de fabricação por módulos de Colt favorecia. Não havia nada mais distante do tratamento decorativo das coronhas guarnecidas de raiz de nogueira gravadas à mão de uma pistola britânica.

Objetos como as pistolas de Colt e a produção industrial de mobiliário pela primeira vez implementada pela família Thonet com suas técnicas de madeira arqueada demonstraram a necessidade de se desenvolver uma nova linguagem para o design, e uma nova forma de atender o gosto das pessoas por luxo. Devia ser uma linguagem capaz de se adaptar às novas realidades da produção em massa.

Ainda que o contexto social e cultural fosse inteiramente diferente, o impulso que moveu Dumfries a encarregar os irmãos Adams de construir sua casa e Chippendale de mobiliá-la era mais ou menos o mesmo que está por trás dos gastos compulsivos do milionário austríaco Fritz Waerndorfer com os artesãos da Wiener Werkstätte no início do século XX. O mundo industrial que só aparecia no mais tênue esboço na época de Dumfries, então, se tornara inescapável. Henry Ford já estava preparando sua linha de produção em Highland Park para o Modelo T que lançaria em 1908.

Através da Werkstätte, Josef Hoffmann usou o artesanato de novas maneiras. Empregava materiais recém-desenvolvidos, incluindo alumínio, que pareciam ter sido escolhidos intencionalmente para sinalizar um rompimento com o passado. O resultado foi uma coleção de objetos domésticos como serviços de mesa e ornamentos que ainda têm um papel social tradicional — oferecendo aos proprietários o consolo das posses dotadas de ressonância emocional, mais ou menos como Dumfries consideraria o trabalho de Chippendale —, apesar de uma linguagem de design radicalmente diferente.

Os membros da Werkstätte ainda estavam indecisos quanto à produção industrial. Afirmavam ter mais interesse em encontrar uma voz autêntica para o artesanato de sua época do que em desenhar para a indústria. O manifesto de Hoffmann proclamava: "Até nós estamos cientes de que um objeto produzido em massa de uma espécie razoável pode ser fornecido pela máquina: deve porém carregar a marca de seu método de manufatura. Não consideramos que seja nossa tarefa entrar nessa área ainda." Mas os cestos e castiçais de Hoffmann, feitos com folhas de metal dobradas perfuradas com grades implacavelmente regulares, e sem nenhuma outra forma de ornamento aplicado, certamente davam a impressão de que a Werkstätte estava criando um vocabulário estético especificamente adequado para tirar o melhor partido das capacidades da produção mecânica.

Essa foi uma importante mudança em relação à implacável hostilidade de William Morris à máquina em todas as suas formas. Enquanto Morris olhava para o período pré-industrial no passado como a inspiração de seu trabalho, os vienenses olhavam para algo novo à frente:

> O mal incomensurável causado no âmbito das artes e ofícios pela produção em massa de má qualidade de um lado e a imitação automática de estilos antigos de outro varreu o mundo inteiro como uma imensa inundação. Perdemos contato com a cultura de nossos antepassados e somos jogados para lá e para cá por milhares de desejos e exigências contraditórios. Na maioria dos casos, a máquina substituiu a mão e o empresário assumiu o lugar do artesão. Seria loucura nadar contra a corrente.
>
> A utilidade é nossa primeira exigência, e nossa força tem de estar em boas proporções e em materiais bem-manipulados. Procuraremos decorar mas sem nenhuma compulsão para fazê-lo e certamente não a qualquer custo. A obra do artífice deve ser medida pelo mesmo parâmetro que a do pintor e do escultor.

Ao mesmo tempo, a Werkstätte fazia uma defesa vigorosamente sedutora do que pode ser considerado o conceito de luxo num sentido moderno:

> A máquina trabalha diligentemente e enche nossas estantes de volumes mal impressos, seu critério é o preço baixo. Mas cada indivíduo culto deveria ter vergonha de tal abundância material. Pois, de um lado, a facilidade de produção leva a uma noção de responsabilidade menor, enquanto, de outro, a abundância leva a um comportamento mecânico. Quantos livros tornamos genuinamente nossos? E se alguém não tiver esses livros no melhor papel, encadernados num couro esplêndido? Será que esquecemos que o amor com que um livro foi impresso, decorado e encadernado institui uma relação completamente diferente entre ele e nós, e que a relação com coisas belas nos torna belos?

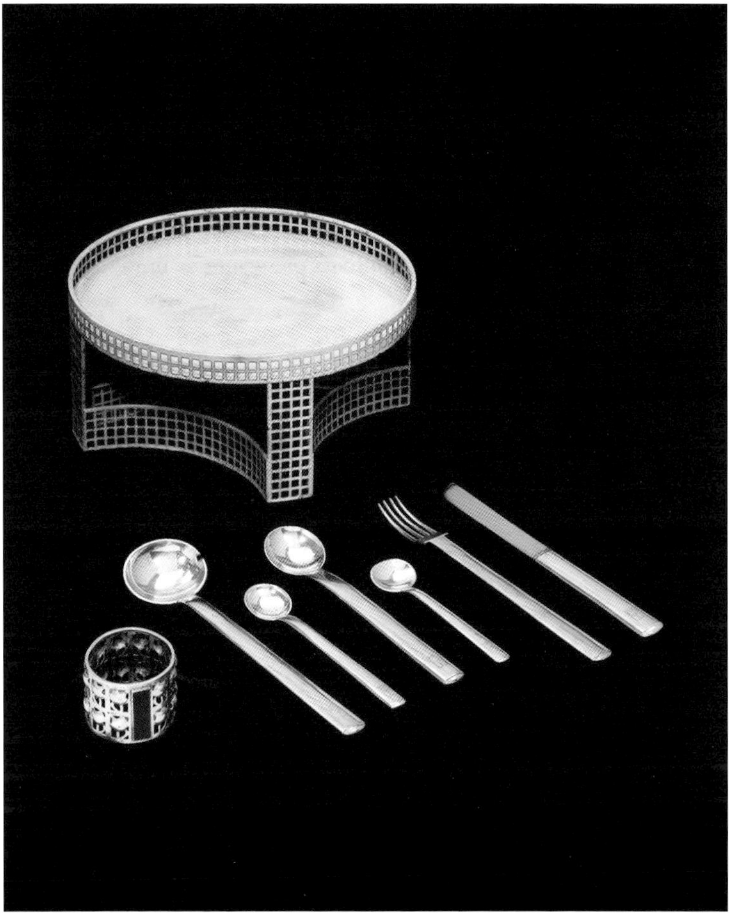

Josef Hoffmann e Koloman Moser fundaram a Wiener Werkstätte numa tentativa conjunta de embelezar os objetos que constituem a experiência da vida diária.

Trata-se de uma das mais fortes e, pode-se dizer, narcisistas justificativas para o culto moderno ao luxo que se poderia esperar.

Waerndorfer gastava tão prodigamente consigo mesmo quanto com a empresa que fundou com Koloman Moser e Josef Hoffmann para fazer o mobiliário e os objetos domésticos que desenhavam. Equipou sua casa de Viena com uma sala de música projetada por Charles Rennie Mackintosh, uma sala de jantar, por Hoffmann, e uma galeria de quadros, por Moser, para exibir sua coleção de gravuras Aubrey Beardsley e suas telas de Klimt.

Possuir um produto Werkstätte era a marca que identificava certo tipo de elite cultural. Se alguém quisesse ser como Gustav Mahler, o rei da Bulgária ou a família Stocklet em Bruxelas, precisava ter um conjunto de argolas de guardanapo da Wiener Werkstätte. Só que, obviamente, não conseguiria ficar só numa argola de guardanapo.

A simplicidade e a incrível originalidade da abordagem da Wiener Werkstätte ao projeto de objetos domésticos certamente ajudou a definir a cultura contemporânea, mas a empresa nunca foi um sucesso financeiro. O perfeccionismo de Hoffmann não ajudou. Ele era conhecido por dar marteladas nos objetos que ficavam aquém de seus exigentes padrões, e mandá-los de volta para o infeliz artífice responsável, para serem refeitos. Isso fazia os custos subirem. E muitas das peças feitas para serem vendidas em consignação não encontravam clientes e voltavam para a oficina.

Waerndorfer acabou quebrando e virou fazendeiro nos Estados Unidos. A Wiener Werkstätte passou por mais duas crises financeiras antes de finalmente falir.

Nossa relação com o luxo não é igual ao que era na era pré-industrial de Dumfries, nem, dada a enorme expansão do número de bens que a residência média tem em seus armários nos últimos cinquenta anos, na versão de Waerndorfer do mundo moderno.

Sabendo ou não, um jogador de futebol comprará uma bolsa Louis Vuitton ou um relógio Patek Phillipe, talvez na Sala de Curiosidades da Selfridges, pela razão descrita por Josef Hoffmann: porque acreditamos que possuir coisas belas também nos torna belos.

Mas o que constitui o luxo num sentido moderno não se define com facilidade, em primeiro lugar porque luxo e modernidade podem ser vistos como antagônicos. O luxo é elitista, e potencialmente baseado no cultivo ou pelo menos num apelo à ideia de tradição, enquanto a retórica contemporânea sugere que a modernidade é igualitária, democrática e inclusiva. E a modernidade parece ser iconoclasta, e apresentar-se como contraponto da tradição. Na verdade, a relação não é a simples dualidade que poderia parecer, dado que o luxo agora se tornou uma indústria ocidental tão fundamental: bens muito caros são produzidos em massa.

Adolf Loos, que dividia mesas de café nos últimos dias da Viena dos Habsburgo com Hoffmann e Moser, forneceu alguns indicadores do que poderia ser luxo em suas colunas de jornal. Loos era um designer e um arquiteto genial. E também era um crítico brilhante e mordaz.

> A evolução da cultura é sinônimo da remoção da ornamentação dos objetos de uso diário. O que torna nosso período tão importante é a incapacidade de produzir ornamentos novos. Superamos a fase dos ornamentos. Mas há diabinhos que não deixam isso acontecer. A humanidade ainda deve gemer sob a escravidão do ornamento. O homem progrediu o suficiente para que o ornamento não mais produza nele sensações eróticas, à diferença dos papuas, uma cara tatuada não aumentava seu valor estético, mas sim a reduzia. O homem progrediu o suficiente para ter prazer em comprar uma cigarreira simples mesmo que custe o mesmo preço de uma enfeitada.
>
> As sinfonias de Beethoven nunca teriam sido compostas por um homem que andasse vestido de seda, veludo e renda. Quem anda de terno de veludo não é artista e sim um bufão, ou meramente um decorador.

A relação entre luxo e artesanato — sempre uma relação complicada — mudou desde a época de Veblen. O artesanato passou a ser associado com a ideia de cuidado, enquanto a indústria sugere padronização. Tradicionalmente, o luxo era representado pela confecção ostensiva ou elaborada, e por materiais caros. Algo que era difícil pressupunha escassez, e um investimento de tempo e esforço.

Costumávamos saber que aspecto tinha algo produzido em massa e algo feito à mão. Isso permitiu que certas formas ou materiais passassem a significar luxo. Mas a produção industrial faz objetos que não podem ser feitos à mão: o difícil se torna fácil. E se o luxo é baseado na escassez ou na dificuldade, uma vez removido o esforço, o luxo também é removido. Ademais, por um critério objetivo, as máquinas podem fazer a maioria das coisas melhor do que as pessoas, e nossos olhos e nossas mãos já se habituaram aos padrões de acabamento que as máquinas podem fornecer. O tipo de perfeição a que os artífices aspiravam ao fazer objetos de luxo deu lugar a outra imagem de luxo.

O luxo contemporâneo depende da descoberta de novas coisas para torná-las difíceis. Pode ser usando mais do que o estritamente necessário de um material. Pode ser escondendo os pontos num terno, ou as soldas na carroceria de um carro onde uma chapa encontra a outra. É mais fácil entalhar uma curva na madeira do que dar uma forma curva às chapas de aço da carroceria de um carro. Antes de as mais novas tecnologias tornarem formas complexas fáceis de fazer na linha de produção, os carros de luxo vinham com curvas difíceis de executar em aço, e os modelos mais econômicos tendiam a ter silhuetas mais retilíneas, ou curvas mais simples: a diferença entre o Citroën 2CV original e as várias curvas complexas de uma Maserati contemporânea.

Se uma máquina pode cortar um pedaço de madeira objetivamente de forma mais precisa que um artífice trabalhando apenas com instrumentos manuais, mas o trabalho do artífice é considerado de melhor qualidade, estamos diante da situação paradoxal de terem os artefatos feitos à máquina imperfeições introduzidas de propósito para sugerir qualidade.

Ainda há quem encaderne livros, mas a encadernação passou de habilidade prática a meio de autoexpressão. E há quem use a fotografia com películas em vez da digital, ou técnicas de gravação

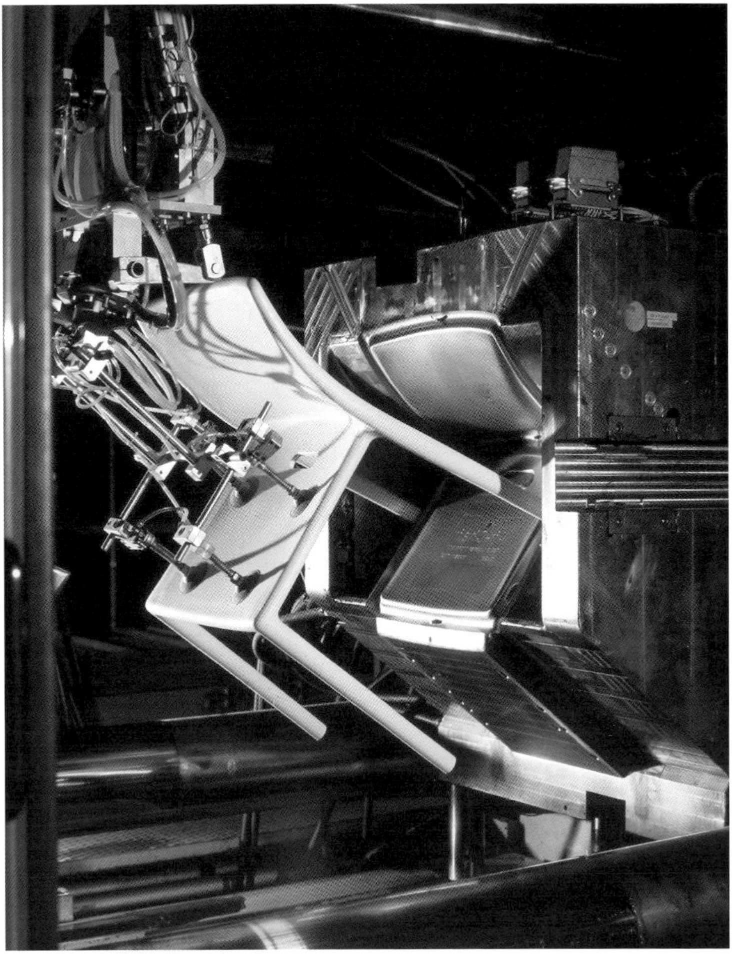

A Air Chair, de Jasper Morrison, é feita com técnicas de moldagem por sopro desenvolvidas com o objetivo de produzir peças baratas para o interior de automóveis.

analógicas. Mas o trabalho manual por si só se marginalizou a ponto de estar em vias de extinção. Desenvolveu-se dentro do sistema industrial, em que fornece as habilidades necessárias para construir as máquinas que fazem as coisas que usamos. E são essas habilidades que sustentam o luxo num sentido contemporâneo. O artífice é essencial para a construção de aeronaves, ou de naves espaciais, e toda a indústria de automóveis da Fórmula 1.

O pesado molde de aço em que a Air Chair de Jasper Morrison é feita, soprando-se gás através de um plástico fundido, é em si um objeto extraordinário. Fazê-lo exige uma habilidade excepcional. E o processo de modelagem se baseia numa técnica desenvolvida com o intuito de produzir peças para a indústria automobilística: os painéis plásticos que forram o interior do carro e o porta-luvas, e a capa de proteção do volante. Da mesma forma, as técnicas de modelagem em fibra de vidro usadas para produzir certos tipos de mobiliário ou carrocerias de carro, ou barcos, embora pareçam remover todos os vestígios de manipulação humana, na verdade são totalmente dependentes das habilidades artesanais necessárias para a colocação dos fios de material de reforço. Os produtos industriais resultantes são tanto uma obra de arte quanto um tecido tramado, embora o elemento artístico seja invisível.

Fazer um carro produzido em massa exige uma concentração extraordinariamente densa de habilidades de ofício em todos os estágios do design, desde as maquetes de barro produzidas pelos estúdios de desenho às sofisticadas maquetes de madeira que antes eram necessárias para moldar a carroceria. Projetar um carro exige dezenas de milhares de horas/homem. Há gente na Ford especializada em maçanetas, da mesma forma que o ateliê de Rembrandt era capaz de convocar o serviço de pintores especialistas em golas e retratistas de espadas. E o processo é tanto a criação de uma narrativa emocional quanto uma matéria objetiva de cálculo de engenharia.

Por quaisquer padrões, a Bentley, que vendeu 5,6 mil carros no primeiro semestre de 2007 — um aumento de 30 por cento em relação ao ano anterior —, é um fabricante de carros de luxo. O carro mais barato que oferece, o Continental, custa 130,5 mil libras: dez vezes mais caro do que um carro de passeio médio. A empresa calcula que um cliente necessitará de uma liquidez de cerca de 2,5 milhões de libras para poder comprar um. Depois há o Arnage, a um preço difícil de definir por causa de todos os extras opcionais que a empresa oferece para dar a impressão de estar fazendo automóveis sob medida, para quem possui uma renda líquida de 10 milhões de libras.

A nova série Bentley foi uma das histórias de sucesso do boom econômico da primeira década do novo século. O nome Bentley está associado à versão de automobilismo britânica por excelência, mas foi comprada por uma empresa que é alemã por excelência, a Volkswagen.

Quando comprou a Bentley, a Volkswagen partiu para construir um carro que estivesse à altura e refletisse as conotações de uma marca que parecia sugerir tradição de engenharia britânica e uma associação com o que antes descrevi, exageradamente, como esnobismo — tarefa nada fácil para uma empresa originalmente criada para construir o carro do povo para Adolf Hitler. Ela manteve o emblema do B alado e a grade cromada do radiador, mas tudo mais era novo — incluindo a fábrica construída especialmente e a equipe de projetistas, comandada por um brasileiro cujo último projeto fora com a subsidiária tcheca da VW, Skoda.

O modo pelo qual os novos proprietários conseguiram construir uma série de modelos que pareciam ser os herdeiros de todas as virtudes da Bentley é uma vitória de genialidade e manipulação. O fato de ter superado o dilema técnico essencial de um produto de luxo feito em número reduzido, e vendido a preços muito altos, numa era de produção em massa, não é a menor proeza.

O problema básico para qualquer fabricante de carro de luxo é a equação do custo. A venda de carros baratos se baseia na economia da produção em massa. Exige enormes investimentos em máquinas e matrizes industriais, para moldar cada parte, de modo que uma quantidade correspondente de carros precisa ser vendida para recuperar o investimento. Todo esse maquinário permite uma extraordinária concentração de esforços para produzir formas curvas complexas. Significa que o carro pode ter designs únicos não só para todos os componentes mais visíveis, mas também para seus detalhes ocultos. Um carro de luxo, caro, tem exatamente a economia oposta, baseada em construir carros aos milhares, até mesmo às centenas, não aos milhões. A produção total da Ferrari California Spyder foi de 104 unidades. Isso significa que o investimento possível em equipamentos é muito menor. Os equipamentos que podem ser financiados não permitem o nível de sofisticação que os carros produzidos em massa podem se permitir. Mas podem ser usados para criar uma silhueta impressionante, sobretudo quando manejados por artífices habilidosos.

As dificuldades são mais sérias quando os designers começam a explorar o que podem fazer em matéria de maçaneta de porta, espelho retrovisor ou luz de freio, ou mesmo no sistema de chave e fechadura. Os botões e interruptores usados para muitas marcas de luxo com frequência são componentes relativamente toscos comprados no mercado, compartilhados com outros gêneros inferiores. Fazer cada interruptor à mão não é uma opção viável.

Trata-se de um fenômeno que produz uma curiosa inversão de valores e pistas visuais. Os carros mais caros podem às vezes ter os componentes mais simples e mais básicos. A solução da Bentley com o Continental foi desenvolver formas que tirassem o melhor partido de suas qualidades em lanternagem. Tornaram possível uma carroceria característica com a personalidade de um Bentley. A introdução de metal moído modelado por corte em vez de injetado numa matriz torna a modificar a equação.

O resultado é um carro que sugere que poderia pertencer ao passado sem na verdade ter um visual antigo. O carro tem uma parte central alta que lhe dá o aspecto de uma impetuosa lancha a motor. Também dá ao motorista altura para sempre olhar o mundo de cima. Há uma impressão convincente de solidez e massa. As chapas laterais têm uma curva invertida embutida no para-choque dianteiro, que recebem o influxo de ar, dando ao carro uma característica compacta singular.

Ligeiramente menos convincente, as caixas protetoras dos faróis de cada lado da grade são divididas por uma linha de interseção preta onde a chapa superior se encontra com a inferior. Carros menores com tempo de produção muito mais longo lidam de forma diferente com essa interseção, criando a ilusão de que a carroceria é uma bolha inteiriça. Alguns designs fazem disso uma virtude, como o Mini original, que tinha as laterais e as chapas dianteiras se encontrando numa flange de metal que sobressaía uma polegada na carroceria.

A ideia de atenção ao detalhe é inerente ao luxo. Mas quando os carros se saem bem em ambas as pontas do espectro de preços, a consequência fortuita é que o aspecto crucial em fazer a diferença para um carro de 250 mil libras pode ser as cinquenta libras necessárias para tornar o iPod do motorista compatível com o sistema de entretenimento do carro. Em meio a todo o trabalho feito sobre túneis de vento testando formas aerodinâmicas, sobre a eficiência do combustível do motor e a iluminação da estrutura enquanto se conservam a aderência do carro à pista e as características de sobrevivência a colisões, o sistema de música pode parecer menos que banal. Mas são os detalhes que criam a sensação de luxo.

Quando Veblen escreveu seu livro, as habilidades manuais ainda detinham maior status. Desde então, acostumamo-nos à presença universal da tecnologia, e ao que esta pode oferecer. Nossas percepções visuais do que constitui qualidade, consequentemente, mudaram.

O dilema ficou patente durante o ressurgimento do artesanato nos anos 1970, quando as imagens que inspiravam os artesãos da marcenaria derivavam da máquina. Fabricantes como John Makepeace, com sua escola para marceneiros em Parnham — talvez a última encarnação organizada da tradição das Artes e Ofícios na Inglaterra —, produziu peças claramente inspiradas por designs do mobiliário contemporâneo que dependiam de plástico moldado por injeção. O fim era torturar a madeira transformando-a em formas que lhe eram estranhas.

A verdade paradoxal é que a simplicidade é cara. Quase sempre é mais cara ou mais difícil do que a elaboração e a complexidade supérflua.

Capítulo Três

A Bentley é uma marca de propriedade de alemães, com uma equipe de projetistas liderada por um brasileiro, mas tanto o modelo Continental quanto o Arnage tentam projetar certo tipo de anglicismo. A diferença é que um modelo custa bem mais que o outro.

Formas geométricas simples são muito menos indulgentes com o fabricante, porque não dão margem a erro. Um rodapé, colocado no pé de uma parede onde esta se encontra com o chão, é a forma mais conveniente de esconder a junta entre o reboco e o concreto. Elimina a habilidade necessária para torná-la uma junta perfeitamente reta. Basta escondê-la. E, tendo aplicado um rodapé, é possível explorá-lo um pouco enfeitando-o com um perfil complexo. Mas um arquiteto como John Pawson não faz nada disso: ele deixa uma junta vazia entre o piso e a parede, sugerindo a interseção dos dois planos, cada qual se estendendo ao infinito. É esteticamente elegante, mas muito difícil de fazer. Sugere comedimento na apresentação, mas, paradoxalmente, pode significar exatamente o oposto, exigindo um enorme esforço para ser executada e resultando no equivalente a uma espécie de minimalismo barroco. Também começa a ser vista como a linguagem do luxo doméstico contemporâneo — um mundo em que você pode entender a variedade infinita de tons de branco enquanto o sol, filtrado por uma persiana de algodão encerado, passa por uma parede sem quadros nem prateleiras, um chão sem carpete, uma porta sem maçaneta. Nos termos de Veblen, só os que estão seguros de sua riqueza se sentem à vontade vivendo sem exibir suas posses.

Uma vida de luxo implica uma vida sem trabalho físico. Mas um objeto de luxo não é necessariamente um objeto que não dê trabalho. Não é só na fabricação que se pode exigir esforço, mas também na manutenção. Polir prata, latão e cobre, conservar couro e esfregar pedra já foram o centro da vida doméstica.

Tecidos de luxo são os mais associados a uma manutenção complicada. Um lençol de linho precisa ser lavado e passado toda vez que é usado. Uma camisa feita de tecido que dispensa ser passado a ferro traz um estigma. Não pode ser verdadeiramente de luxo se é muito fácil de manter, apesar dos melhores esforços dos fabricantes em ampliar o mercado de roupas para alto desempenho feitas com tecidos hidrorrepelentes leves que não amassam.

O comedimento na apresentação é um tema recorrente do que é descrito como luxo aristocrático. É a representação da ideia de que não é de bom-tom tornar sua riqueza tão conspícua que esteja sempre sendo exibida, lembrando aos que são menos ricos quanto mais do que eles você tem. Para aqueles que entendem o que veem, a adoção de uma aparência simples impecavelmente talhada fornece todos os indícios dos recursos necessários para se alcançá-la. A moderação também pode ser considerada interesse próprio esclarecido. Durante os anos das Brigadas Vermelhas, na década de 1970, a burguesia italiana abriu mão das joias e passou a circular por Milão em Fiats usados, com medo de chamar a atenção dos sequestradores. Vestir-se com simplicidade logo se tornou parte dos sinais exteriores de certo modo de vida, exatamente como os adolescentes italianos menos ricos levavam consigo os rádios dos carros como bolsas, em parte para impedir que fossem roubados, mas também para demonstrar que possuíam um carro de onde valia a pena roubar. A pura abundância deixou os consumidores ricos saciados. Então os sinais de luxo são manipulados para deflagrar a gratificação que o luxo traz, sem a substância. É como evitar os sentidos físicos e ir direto ao cérebro para acender as redes de neurônios que nos fazem sentir fome, cansaço, satisfação ou raiva. Ou, no caso do luxo, aliviados e tranquilizados. É uma espécie de vício.

O luxo, em parte, é criado pelo uso de materiais que lhe são associados. O precioso e o raro em geral são os mais procurados. Portanto o plástico tem tido problemas para ser aceito como material nobre. Mas o titânio também. O metal nunca se tornou a versão moderna do ouro que a indústria mineradora de titânio esperava que se tornasse.

Os sinais visuais e táteis do luxo são intimamente associados a valor. São os gatilhos que nos fazem acreditar que um objeto vale mais que outro com as mesmas características funcionais. O luxo pode ser sinalizado por deixas audíveis: o ruído do motor de um carro, ou de uma porta sólida se fechando, ou o clique de uma fechadura sendo trancada. Ou a mensagem pode ser transmitida por sinais que sugiram desempenho. Por mais que tentemos, não podemos deixar de interpretar uma grade de ventilação próxima ao capô bem-talhado de um carro senão como algo que se lhe agregasse valor. Já se considerou que o valor de um objeto tinha relação direta com a quantidade de coisas que pudesse fazer. A profusão de mostradores e marcadores em equipamentos eletrônicos de certa época refletia a necessidade de informar os proprietários do quanto sua máquina era capaz, mesmo se a informação transmitida por todos aqueles ponteiros dançantes maravilhosamente precisos não tivesse muita relevância prática para o proprietário.

A embalagem é um prelúdio inevitável de nossa experiência de um objeto. Um relógio de pulso vem num recipiente de lata dentro de uma caixa dentro de uma bolsa de papel brilhante de cinco cores com alças de corda, embora todas essas camadas sejam imediatamente descartadas. Um par de meias caras vem com uma tira de papel fino dentro de um dos pés, fornecendo, quando você as estrear, um farfalhar de três segundos que jamais se repetirá.

O luxo manipulativo não se limita aos objetos que usamos nem à embalagem em que vêm envolvidos. Esse luxo também é usado para moldar a coreografia das atividades do dia a dia. Em nenhum lugar isso é mais claro do que na fabricação de uma percepção de luxo em viagens aéreas.

Se olhar a planta baixa de uma cabine da classe executiva de um Airbus A330 da Virgin Atlantic, você verá um padrão de espinha de peixe que não pode deixar de sugerir o porão de um navio negreiro do século XVIII. Na verdade, mostra as fileiras de assentos em que os aspirantes a senhores financeiros do universo estão preparados para dormir — com a cabeça a centímetros de um estranho roncador e flatulento —, firmemente convictos de que estão viajando no luxo. As condições, é óbvio, são mais miseráveis ainda na traseira do avião, o que ajuda quem está na frente a engolir preços bem mais altos. Distribui-se aos passageiros da classe executiva — grátis no ponto de entrega, como se diz do Serviço Nacional de Saúde — uma bolsa de cortesias de Anya Hindmarch. Eles ganham champanhe safrada e as metades dos limões que acompanham o *hors d'oeuvre* de salmão defumado são envoltas em musselina, para evitar o risco de voo de caroços. Mas naturalmente quem de fato se preocupa com esse tipo de coisa jamais haveria de querer ser visto viajando num voo comercial. O jato particular agora é o nível inicial da viagem de luxo para determinada classe. Mas mesmo esse tipo de viagem, no fundo, oferece condições semelhantes às de uma carroça — com tripulação e passageiros dividindo um banheiro atrás de uma cortina —, ainda que evite os currais que os passageiros que tentam embarcar em companhias aéreas de baixo custo precisam suportar.

Atualmente, luxo, cada vez mais, são os detalhes que convencem os consumidores a gastar dinheiro. Mas outra definição de luxo — mais próxima do sentido original — talvez se mostre mais e mais pertinente. Por essa definição, o luxo é a maneira de propiciar um alívio da implacável maré de bens que ameaça nos afogar.

Capítulo Quatro

Moda

Um desfile de moda contemporâneo em Milão, Paris, Nova York ou Londres é um lugar onde se leva um tipo especial de vida pública. Bilionários indianos do setor siderúrgico encontram as ex-mulheres de plutocratas russos. Lily Allen e Gwyneth Paltrow se misturam a Rem Koolhaas e Anna Wintour. Jogadores de futebol e cantores de rap dividem uma breve e intensa explosão de publicidade. Como num teatro de ópera do século XIX, as celebridades se exibem e o status é medido de forma angustiosamente exposta. Para quem está na Sibéria social da última fila, a falta de status pode ser encontrada na hierarquia humilhante e intrincada da marcação de lugares. A primeira fila é alocada através de um processo de negociação tão sério quanto qualquer coisa vista no Conselho de Segurança das Nações Unidas.

Diferente de uma ópera, no entanto, um desfile de moda não precisa durar mais de vinte minutos, e não há segundo ato. Sua brevidade o torna a forma cultural perfeita para o tempo de atenção limitadíssimo da geração pós-imprensa.

O fenômeno do desfile de moda como espetáculo se acelerou desde que a alta-costura ressurgiu das cinzas nos anos 1980. Um ritual que começou no século XIX para alguns clientes selecionados no salão da Maison Worth na rue de la Paix em Paris, em torno de chá e sanduíches delicados, espalhou-se a partir dos concorrentes da Worth — veneráveis casas de moda no *huitième* — para tendas, antigos mercados de hortifrutigranjeiros e estações ferroviárias desativadas em que os designers agora competem para encenar o espetáculo mais maravilhoso.

O desfile de moda deixou de ser um meio para um fim e se transformou num fim em si — que pouco tem a ver com o processo prosaico de deixar os compradores darem uma olhada nas roupas da nova estação, e fazer encomendas. Foi transformado num evento cujo principal objetivo é polir a marca. Ainda mais importante do que o ato de exibir uma coleção é a chance de exibir, diante das câmeras do mundo, uma plateia de celebridades vendo a coleção.

E agora as casas de moda mais ambiciosas estão construindo arenas permanentes onde fazê-lo. Dolce & Gabanna assumiram um cinema como base. Com o arquiteto japonês Tadao Ando, Giorgio Armani construiu o que chama de teatro numa antiga fábrica de chocolate em Milão. Sua planta é uma atualização da casa de ópera tradicional, com sua escadaria majestosa, projetada para aumentar a expectativa a caminho de um auditório lotado. A transição da suja periferia industrial de Milão no exterior para o mundo de Armani no interior é marcada por um desfile imponente de colunas de concreto austeras como o claustro de um mosteiro. Mesas de recepção na forma de caixas de vidro imaculadamente precisas, iluminadas como esculturas de Dan Flavin, poderiam passar por arte.

A ação no palco, com seu coro de editores e fotógrafos de moda internacionais, é só um aspecto do espetáculo. A arquitetura de Ando é projetada para aproveitar ao máximo a plateia de celebridades, com um passeio longo e fotogênico antes que elas entrem no teatro por portas gigantescas para chegar a seus lugares. É uma transação de mão dupla, em que ambos os lados se necessitam mutuamente. As estrelas endossam o evento com sua presença. E, desde que Armani consiga segurar a mídia e manter a credibilidade de seu nome, a geração ascendente de estrelas sente necessidade de estar nos desfiles. É seu status que está subindo tanto quanto o de Armani, e poder usar as roupas de graça certamente não faz mal.

As modelos fazem seu espetáculo na passarela; a plateia atua na entrada. E para a festa após o desfile há uma sala de jantar austera de proporções heroicas onde beber champanhe. Suas janelas baixas são cuidadosamente colocadas para emoldurar o espelho-d'água do lado de fora. Qualquer que seja a aparência das roupas em si, a plateia sai sem nenhuma dúvida de que viu algo importante.

Os designers que já construíram empresas de sucesso baseadas na moda têm de aprender a lidar com a necessidade de viver procurando uma plateia mais nova e mais jovem sem que seus antigos clientes lhes deem as costas. Trata-se de um equilíbrio delicado. Eles precisam manter uma dose suficiente do que os tornou atraentes em primeiro lugar. Mas só introduzindo coisas novas e diferentes eles evitarão envelhecer com a clientela original. O mais difícil de entender é a hora de passar da atualização ao recomeço.

Giorgio Armani mostra sua coleção em Milão num teatro especialmente projetado para ele por Tadao Ando, com a escala e a solenidade de um teatro lírico particularmente austero.

Isso foi um problema específico para a alta-costura nos anos 1960. Apesar do gênio criativo de Yves Saint Laurent, para a geração pós-1968, a alta-costura era um anacronismo esnobe, identificado com os enrugados e culturalmente irrelevantes. Foi necessária uma nova geração de estilistas de *prêt-à-porter*, Armani na Europa, Ralph Lauren nos Estados Unidos, que começaram suas carreiras no varejo do mercado de massas, para ressuscitar os antigos rituais. Assim como a Casa de Windsor também precisou modificar a natureza de suas festas ao ar livre, suas investiduras e seus protocolos com uma injeção perspicaz de celebridade e populismo, a moda começou a aceitar novas plateias e aprender novos truques com que as entreter.

Para manter sua relevância para o mundo mais amplo e seu controle sobre a atenção do público, a moda sempre precisou encantar novas elites, por serem essas elites não só potenciais clientes mas também uma atração para a mídia. A clientela original de alta-costura no século XIX foi suplementada por sucessivas ondas de dinheiro novo, e novas formas de celebridade. Nos últimos 25 anos, os novos clientes da moda vêm do golfo Pérsico, e, mais recentemente, da Rússia.

Em 1980, Giorgio Armani percebeu o potencial promocional do cinema para seu negócio, então com cinco anos. Quando Richard Gere estrelou *Gigolô Americano*. Armani o vestiu de bege da cabeça aos pés. Foi um papel que ensinou os americanos heterossexuais como se vestir: Gere fica diante de seu espelho, repassando uma seleção de paletós Armani desestruturados, combinando-os com gravatas e camisas.

Armani foi o último de uma longa fila de estilistas a ter trabalhado no cinema. Hubert de Givenchy desenhara o guarda-roupa de Audrey Hepburn em *Cinderela em Paris*, filme em que sua personagem é modelo de alta-costura. Hardy Amies deu um visual futurista contido a *2001: Uma Odisseia no Espaço*, de Kubrick, e Yves Saint Laurent vestiu Catherine Deneuve em *A Bela da Tarde*. Mas foram Armani e Ralph Lauren — que vestiu quase todo o elenco de *O Grande Gatsby*, e mais tarde criou o guarda-roupa de Woody Allen e Diane Keaton em *Noivo Neurótico, Noiva Nervosa* — que usaram o cinema com mais eficiência. *Gigolô Americano* e *Gatsby* lidavam com personagens com defeitos gravíssimos, mas assim mesmo os filmes conseguiram popularizar o glamour dos nomes de Armani e Lauren. Para suas coleções, ambos os estilistas dependiam em certa medida de suas próprias recordações de filmes. Era um processo curiosamente especular: o cinema estava moldando a moda moldando o cinema.

Armani fez tudo o que pôde para apagar o limite entre cinema e realidade. Certificava-se de que "suas" estrelas tivessem lugares na primeira fila em seus desfiles, que se casassem vestidas com suas roupas e que passassem temporadas em seu iate e em suas *villas*.

A indústria da música acompanhou os astros de cinema. Músicos mais velhos decidiram olhar para além da contracultura. Eric Clapton de repente passou a se vestir com ternos Giorgio Armani da linha Black Label. Depois foram os jogadores de futebol e mais recentemente é a nova geração afluente de artistas contemporâneos.

Como em relação a tantas outras coisas, a assimilação da cultura pela moda foi um movimento liderado pelos japoneses. Rei Kawakubo, da Comme des Garçons, estava usando Francesco Clemente, Robert Rauschenberg e Leo Castelli como modelos para suas roupas nos anos 1980. E também foi uma das primeiras estilistas a usar homens e mulheres com caras curtidas e maltratadas para mostrar seu trabalho. Estava sugerindo que a moda podia ter um aspecto mais cerebral, além do simples hedonismo ou de sinal de riqueza.

Ao evoluir de artesanato para indústria, a moda passou a alimentar o crescimento de conglomerados de produtos de luxo em larga escala que incluem roupas, perfumes, malas, relógios e agora também mobiliário. É um processo que gera uma sede insaciável de insumos criativos. A moda precisa procurar continuamente novos meios de envolver e criar uma marca. Passou a exigir com voracidade novos materiais para fornecer um suprimento ininterrupto de alusões visuais em que cada coleção se baseia. Os escritórios de design para os grandes nomes precisam lidar com uma

Enquanto o cinema do passado forneceu muitas das referências para a moda contemporânea, filmes como *Noivo Neurótico, Noiva Nervosa*, que teve a colaboração de Ralph Lauren, e *Gigolô Americano*, para o qual Giorgio Armani desenhou o guarda-roupa de Richard Gere, deram aos estilistas um palco com grande visibilidade.

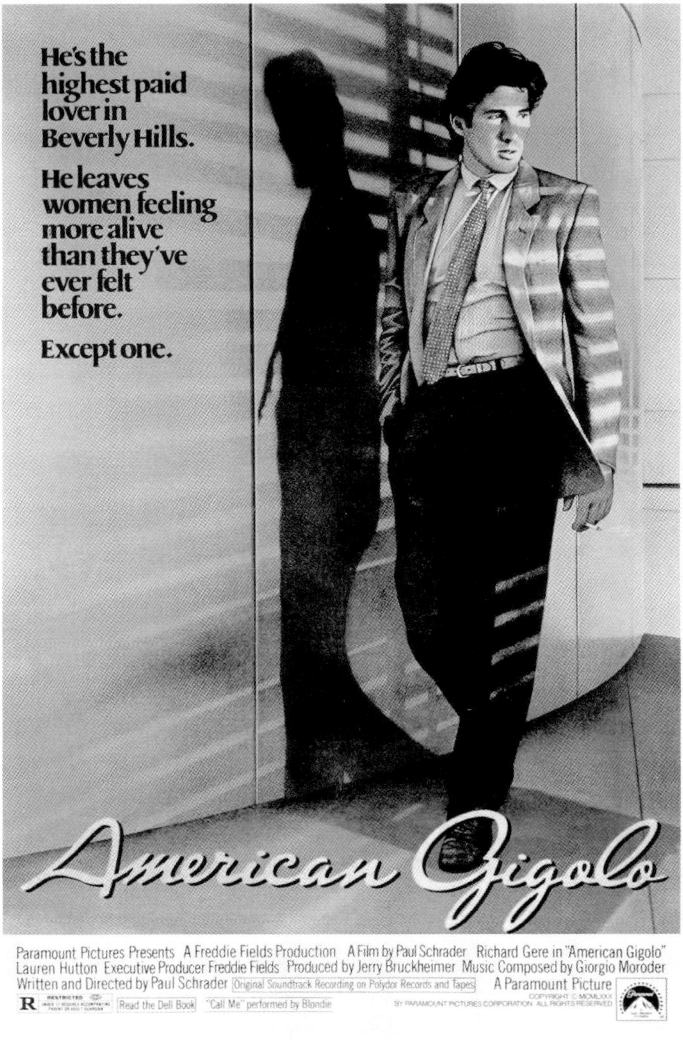
He's the highest paid lover in Beverly Hills.
He leaves women feeling more alive than they've ever felt before.
Except one.
American Gigolo
Paramount Pictures Presents A Freddie Fields Production A Film by Paul Schrader Richard Gere in "American Gigolo"
Lauren Hutton Executive Producer Freddie Fields Produced by Jerry Bruckheimer Music Composed by Giorgio Moroder
Written and Directed by Paul Schrader
Original Soundtrack Recording on Polydor Records and Tapes
A Paramount Picture
R RESTRICTED
Read the Dell Book
"Call Me" performed by Blondie
COPYRIGHT © MCMLXXX BY PARAMOUNT PICTURES CORPORATION ALL RIGHTS RESERVED

sobreposição intrincada de marcas subsidiárias que cada casa de moda mantém para contemplar os níveis de preço fundamentais, do mercado de massa ao estratosfericamente caro. A sobreposição exagerada confunde o cliente, uma etiqueta começa a canibalizar a outra e a marca como um todo se dilui.

A extensão da fome insaciável de ideias e imagens — a matéria-prima da moda — logo se evidencia quando se folheia um exemplar da *Vogue* italiana. A revista mensal regularmente vem com mais de 800 páginas para revelar a energia destilada de uma estação de moda. Um exemplar da *Vogue* que coincida com as coleções é abarrotado de anúncios cujo único propósito é diferenciar uma marca de moda da outra na fração de segundos que levamos para virar a página. Não há tempo para palavras nem, muitas vezes, para se mostrar as roupas. A moda é reduzida a uma série inexorável e sem-fim de imagens de virar a cabeça e capaz, por mais fugazmente que seja, de agarrar um público enfastiado pela jugular.

Como tema isolado, o sexo é o de recorrência mais óbvia. Em um momento ou outro, quase toda etiqueta italiana se dedicou a evocações maravilhosamente detalhadas da pornografia dos anos 1970 em seus anúncios. E muitas das francesas e americanas também. Algumas produziram cuidadosamente seus modelos com o visual de prostitutas dos anos 1940. Chanel até teve uma de suas roupas fotografada numa rua escura, apanhada pelo farol de um carro que passava, num estilo sugestivo das prostitutas que frequentam o Bois de Boulogne à espreita de fregueses.

A moda, apesar de se ter transformado num colosso industrial dominado por três ou quatro conglomerados, depende da arte, da fotografia e do cinema para suas referências visuais. Usa essas imagens de forma tão incansável, para alimentar várias coleções por ano, que seus temas logo ficam despojados de significado. Inevitavelmente, o processo de oferecer uma dieta de espetáculo constante é sujeita à lei dos rendimentos decrescentes. Você vê uma imagem de Helmut Newton ou Robert Mapplethorpe reproduzida ou copiada numa revista de moda, e presta atenção. Numa revista cheia

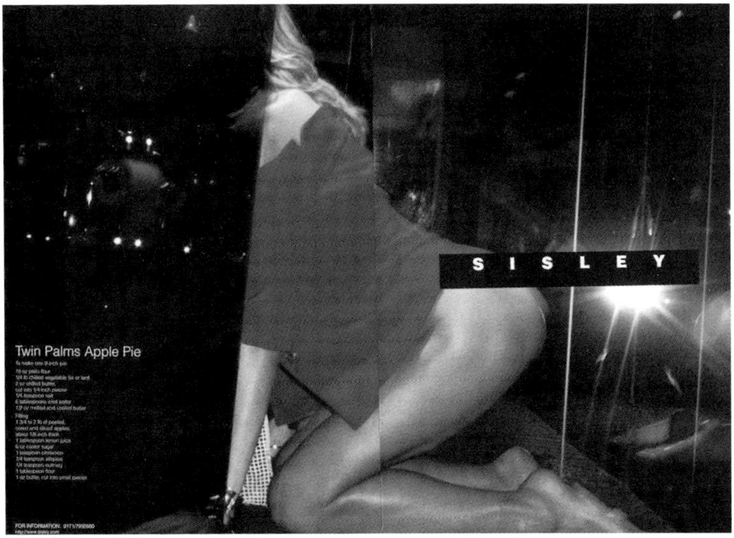

Enquanto os japoneses contavam com a arte, Gucci e Calvin Klein estavam prontos para recorrer ao sexo, um antigo coringa, mesmo com a adição de uma camada de ironia resultante de parodiar o estilo da pornografia leve.

delas, você começa a ficar com os olhos vidrados, e a própria imagem original se desvaloriza. Fotos que antes seriam arrebatadoras perdem muito depressa o poder de atrair.

Moda não é arte. Mas nunca antes a moda se esforçou tanto para sugerir que poderia ser. O Museu Guggenheim recebeu dinheiro de Armani para montar uma exposição do trabalho dele na espiral de Frank Lloyd Wright do prédio na Quinta Avenida. Quando era diretor de criação da Gucci, Tom Ford financiou as espirais de aço enferrujado de Richard Serra na Bienal de Veneza. Com o mesmo olho para descobrir o monumental em lugares improváveis Andreas Gursky fotografou coleções da Prada na Bolsa de Valores de Xangai. Moda é buscar uma transfusão de sangue extraído da energia da arte contemporânea.

E o monstro da moda, não satisfeito em cravar suas garras na arte e na arquitetura, deu outra bocada e engoliu o design inteiro. O circo de arte Basileia/Miami reúne os muito ricos, os ligados em moda e os mundos da arte e do design numa mistura de rachar a cabeça a cada dezembro. O design não foi exatamente uma vítima inocente. Os designers de mobiliário andam por lá há séculos, esperando ser notados. Eles sempre desejaram um pouco de estrelato. Mas quando finalmente se transformou em moda, o design acabou não sendo nem de longe tão divertido quanto tinham esperado, e eles se lembravam, com certa culpa, de que o design deveria tratar de coisas sérias, técnicas, não de um estilismo superficial. Deveria tratar de motores turboélices de jato e tomógrafos de corpo inteiro, não de batas, chapéus e tênis. Não deveria tratar de uma moda passageira.

A pergunta a fazer não é tanto: moda é mesmo design?, mas sim: o que a moda fez com o design? E, aliás: o que fez com a arte, a fotografia e a arquitetura?

Durante quase todo o século passado arquitetos e designers, embora fascinados, faziam pouco da moda. Le Corbusier uma vez exprimiu o sentimento de antagonismo maldisfarçado ao sugerir que, para a arquitetura, o estilo não tinha mais importância do que as plumas num chapéu feminino: bem bonitas, mas sem importância verdadeira. A moda, segundo os puritanos, é o que costumava ser chamado de arte menor. Mas, para o bem ou para o mal, não há nada de menor na moda, que injeta sexo, status e celebridade diretamente na veia. E foi essa combinação que conferiu uma quantidade enorme de poder, tanto financeiro quanto cultural, a seus controladores. Juntando tudo isso, não surpreende que a moda tenha ficado simplesmente muito grande e muito poderosa para ser descartada como uma frívola questão secundária. A moda tem a capacidade de apertar todos os botões da vida contemporânea. Representa uma convergência entre a alta cultura e a arte popular, que lhe dá um poder verdadeiro. É capaz de abordar questões sérias, mas também capta a imaginação popular de um modo que o design delineado numa forma mais estreita tem razão de invejar.

Mas a moda, em geral, é considerada em termos curiosamente irreflexivos. Adolf Loos foi uma das raras exceções. Ele considerava a moda sempre interessante, e escreveu sobre o comedimento da alfaiataria britânica como a expressão máxima da modernidade. Com astúcia, explorou os mecanismos pelos quais a moda foi criada, e refletiu longamente sobre o porquê de os alemães se agoniarem com a largura de suas calças. A resposta, acreditava, estava no estudado esteticismo alemão. "Os ingleses e os americanos esperam que todo mundo esteja bem-vestido. Mas os alemães fazem melhor, querem que suas calças também sejam bonitas", disse Loos em 1908.

> Se os ingleses usam calças largas, os alemães imediatamente provam, usando quadros antigos ou a voz da moderação, ou alguma coisa assim, que são contra as leis de estética, e que só calças estreitas seguem o cânone da beleza. Praguejam e xingam, mas a cada ano fazem suas calças um pouco mais largas, queixando-se da tirania da moda. Mas o que é isso? Será que aconteceu uma reavaliação nietzschiana de valores? Os ingleses já estão usando calças estreitas de novo, e exatamente os mesmos argumentos são usados sobre a estética da forma das pernas das calças, só que ao contrário.

Miuccia Prada coleciona arte e financia uma importante galeria de arte de Milão. Fazer Andreas Gursky fotografar seus produtos fica entre cultura e comércio.

Loos já era consciente da contínua oscilação que caracteriza a natureza da moda. Também era categórico quanto à natureza da vestimenta moderna. "A questão é estar vestido de modo a chamar o mínimo de atenção possível. Uma casaca vermelha chamaria a atenção no salão de baile, portanto uma casaca vermelha não é o estilo moderno para o salão de baile."

Esse comentário fazia parte do ataque de Loos ao culto do dândi, e é de uma época anterior à industrialização da moda. Há uma aspereza renovadora em tais perspectivas. Mas Loos foi um dos primeiros arquitetos a projetar uma loja de moda. Criou o empório Goldman & Salatsch, de Viena. O projeto tinha o tipo de comedimento que caracterizava a atitude de Loos em relação a roupas, contando antes com materiais finos e uma confecção cuidadosa do que com a aplicação de enfeites. Foi o precursor da atual onda de lojas de moda que servem para estabelecer o caráter de uma marca com uma essência teatral. As lojas são usadas não só para fornecer uma plataforma que pode dar um bom visual às roupas, mas também para transmitir a essência dos valores da etiqueta, e mostrar que é possível estendê-los a uma gama de objetos que pode desfrutar do reflexo da glória de um nome célebre.

Além de qualquer coisa a mais que possam tentar fazer, os carros-chefe de moda dão duro para sugerir um modo particular de entender as roupas que vendem. Os sinais podem ser diretos. Espaço é sinônimo de dinheiro. Coloque um único objeto a cada dez metros quadrados, cuidadosamente banhado pela luz suave de um spot individual, numa loja com um piso de calcário português com textura de caxemira, e você transmite (com bastante precisão) uma mensagem sobre a natureza do que vende. Amontoe cinquenta coisas num estrado de madeira tosco espremido num metro quadrado de linóleo e a mensagem é bem diferente, e o nível de preço é outro. Mais obscuro é saber se o calcário, a iluminação e o espaço são de fato dinheiro, ou apenas uma representação simbólica deste.

Miuccia Prada usa a linguagem do design de forma mais sofisticada do que muitos de seus concorrentes. Eles ficaram para trás:

fazem lojas de roupas com o visual que galerias de arte tinham vinte anos atrás. Ela as faz com o visual que a arte tem hoje.

Rem Koolhaas, que projetou sua loja de Los Angeles, sente um prazer visceral em exibir de modo intencional justamente o oposto do que as demais pessoas estão fazendo. Em Rodeo Drive, folha de ouro, granito e travertino são quase obrigatórios. Então Koolhaas usa espuma de textura áspera, policarbonato e alumínio industrial para forrar o interior de uma loja na rua mais cara do mundo. Todo mundo tem segurança ostensiva, mas no horário de trabalho a Prada é toda escancarada para a rua, sem vitrine nem porta — só ar-condicionado e uma grade de alumínio que é retirada para deixar a entrada livre todas as manhãs. Há displays, mas os manequins são enterrados no subsolo, visíveis apenas através de dois conjuntos de pisos transparentes, espécie de vigias no nível da calçada. É uma meditação intelectualmente ambiciosa — alguns poderiam dizer pretensiosa — sobre a natureza da moda contemporânea.

A obsessão de Koolhaas em colecionar dados se reflete nos números que cobrem as paredes da suíte VIP, permitindo que Brad Pitt (se estiver com vontade) reflita sobre a percentagem de americanos acima de 65 anos que vivem em lares para idosos quando entrar para experimentar uma camisa. Recobrir tudo é uma tentativa de criar uma estética que celebra a artificialidade. Certamente é provocador, mas no fim ainda não passa de uma tentativa de fazer a Prada se destacar da concorrência para vender mais ternos por mais dinheiro — se bem que uma tentativa baseada na análise dos signos convencionalmente usados para sugerir moda, e em sua inversão.

Para fazer a loja exemplar da marca — uma *flagship* de moda em Tóquio — já não basta criar um interior de loja, por mais requintado que seja. Para sobressair nesse ambiente instável como uma paisagem marítima, é preciso construir algo na escala de um superpetroleiro, ou mesmo de uma ilha artificial. A loja de Tóquio de seis andares da Prada, projetada por de Meuron e Herzog, é exatamente isso. Criou um novo tipo de prédio: parte cartaz, parte embalagem de presente arquitetônica. É um marco eficiente no contexto, mas também cria

A tradição de contratar arquitetos conceituados para projetar lojas de moda em evidência pode ser reconhecida pelo menos em Adolf Loos e sua loja de confecções masculinas em Viena. Miuccia Prada é hoje a expoente mais forte, com uma coleção que vai do posto avançado de Rem Koolhaas, em Rodeo Drive, à torre cristalina assinada por de Meuron e Herzog, em Tóquio.

seu próprio contexto. Os arquitetos empilharam a loja quase toda numa torre de cinco lados com o topo pontiagudo que se ergue próximo a uma esquina do local, deixando o resto aberto como uma praça pública. Dado o custo do terreno nessa cidade, trata-se de um gesto generoso, até mesmo extravagante.

A torre tem uma cauda, um pano de fachada que se desenrola no limite do local, protegendo-a dos vizinhos, mas sem hostilizá-los. Ela cresce e se abre numa extremidade para dar acesso ao subsolo por um lance de escada. O acabamento dessa cauda é extraordinário. Uma pele de musgo verde brota através de blocos quadrados para criar um padrão vagamente asteca. Isso dá uma pista do que o prédio, com suas múltiplas camadas de referências a materiais naturais e formas orgânicas, é. Suas características materiais, que vão do áspero ao liso, e do apertado ao frouxo, conferem ao prédio sua personalidade distinta.

A torre tem quatro tipos de vidro diferentes: uns planos e transparentes; outros, nos provadores, reticulados, em respeito ao recato. Algumas janelas são salientes, outras, reentrantes, como se o prédio estivesse respirando. Os mesmos temas moldam o interior. Os tetos são de metal perfurado, em que foi inserida uma série de buracos negros maiores, arrastando a superfície suavemente para dentro para dar lugar às lâmpadas. Nos corredores, as lâmpadas ficam para fora como se estivessem borbulhando, marcadas por porções de sílica-gel.

Se o exterior é úmido e recoberto de musgo, o interior demonstra um interesse quase perverso em misturar superfícies felpudas com acabamentos viscosos. Algumas araras são forradas de pele de pônei, outras, de sílica. Há mesas-vitrines em fibra de vidro transparente, e algumas são preenchidas com fibras ópticas como tentáculos de águas vivas.

No subsolo, o piso é do mesmo carvalho cru que de Meuron e Herzog usaram para a Tate Modern. Mas nos andares superiores os pisos variam entre aço laqueado para escadas e um vulnerável carpete de cor marfim que até os cuidadosíssimos japoneses com sua infinita paciência têm dificuldade de manter impecável.

A moda, como a arte e como o design, pode ser entendida como uma forma de alquimia. A arte é de uma eficiência extraordinária em transformar tela, fibra de vidro, carne de tubarão ou videoteipe em matéria-prima de leilões. A moda faz algo muito parecido com isso, mas numa escala industrial, com algodão, poliéster, seda e lã. E fazer ou usar moda toca diretamente quase todo mundo. A moda reflete a natureza de grupos ou indivíduos autodefinidos, e a moral e a fé que compartilham. Mas também tem sido a força motriz por trás da industrialização.

A moda passou com uma velocidade extraordinária de artesanato a indústria. O impulso para aumentar a produção de formas inovadoras encorajou os fabricantes de tecido na Inglaterra do século XVIII a criar a fiandeira mecânica e os teares movidos a vapor que reconfiguraram a economia mundial. Na Índia, dois séculos depois, o mesmo impulso fez a fortuna dos proprietários de fábricas de tecido de Ahmedabad. Como os reis do algodão de Manchester antes deles, eles foram progressistas o suficiente para investir em educação e cultura. Incumbiram Le Corbusier de construir suas casas e escritórios, e Louis Kahn de projetar uma escola de administração. Nos anos 1950, chegaram até a pedir a Charles Eames para elaborar um currículo para treinar seus designers.

Na Itália, a natureza da moda contemporânea foi transformada pela família Benetton, com seu investimento em produção, distribuição e estilismo para o mercado de massa, tanto quanto por Armani ou Versace. A Benetton usava técnicas novas para suprir suas lojas de produtos novos em questão de dias, e se reabastecer com linhas de sucesso com minimização de estoques, em vez de depender do antigo sistema e arriscar tudo numa linha de produção para uma estação inteira.

Mais recentemente, são as fábricas de Bangladesh, Sri Lanka, China, Ilhas Maurício, Indonésia e México que alimentam o apetite dos mercados ocidentais para as roupas que são a base do sistema da moda. Ao mesmo tempo, estas transformam suas próprias sociedades, criando empregos para iniciantes, a maioria para mulheres, alguns para crianças.

A moda transforma camisas costuradas por centavos na Indonésia em bens que proporcionam margens de lucro elevadas. Fábricas do Sri Lanka pagam salários mínimos para trabalhadores do setor de vestuário que usam suas habilidades não só para transformar brim em jeans: eles dão mais duro e gastam mais tempo ainda para envelhecer artificialmente essas roupas. Depois de ter feito uma roupa funcional, eles a desmancham com cuidado para lhe dar o verniz da moda, aquilo que justifica a maior parte do valor.

O sobrepreço da moda talvez não se iguale à escala de valorização que a arte oferece a um negociante ou um colecionador astuto, mas a moda opera numa escala inimaginavelmente maior. Dirige as fábricas da Ásia e da América Latina onde o trabalhador é explorado, bem como os ateliês da alta-costura francesa, os artesãos da Itália e as fábricas high-tech da Europa.

O sistema da moda depende de todo tipo de engenhosidade: técnicas de produção em massa, fabricação e tintura do tecido, distribuição baseada em princípios de minimização de estoques, criatividade dos designers e a habilidade com que seu trabalho é usado para criar a aura que dá às roupas a sua sedução. Exige a criação de uma plataforma apropriada para apresentar as roupas, e noção de psicologia. Mas a moda ainda é tratada como se fosse essencialmente frívola. Em parte devido à teatralidade deliberadamente cultivada dos aspectos mais visíveis do sistema. Além disso, a moda emprega milhões de pessoas no mundo inteiro, desde produtores de estamparias, modelistas e costureiras extremamente habilidosas, a trabalhadores pagos por peça e manipuladores de imagem que criam as campanhas publicitárias de moda. Marca e celebridade garantem que só os nomes de um punhado deles seja sempre reconhecido: os designers célebres, muitos deles empregados da empresa que é dona de seus nomes, as supermodelos, os estilistas, os editores e os fotógrafos.

Com os ricos e os glamorosos, esses constituem um círculo mágico que fornece e consome as imagens que impulsionam o sistema. Mas o processo de influência não funciona numa só direção. A moda também é uma forma democrática de expressão que qualquer um está apto a usar, e as escolhas dos consumidores configuram o modo de atuação do círculo mágico, ocasionalmente o impelindo em novas direções e fornecendo-lhe sua matéria-prima. Às vezes a plateia assume o controle da ideia que o sistema está oferecendo e a aplica do seu jeito.

A moda representa a linha entre pertencer e não pertencer, e os sinais das duas situações regularmente se invertem. De marca de contraventores, a tatuagem vai para o tornozelo da esposa do líder do Partido Conservador. As calças caindo quadril abaixo passaram de uniforme de presídio, que os detentos são obrigados a usar quando lhes retiram os cintos, a objeto de culto do nicho jovem do mercado de massa.

Em *A interpretação dos sonhos* Freud sugere que, para os militares que andam uniformizados, sonhar que se apresentam em público à paisana é um sonho de ansiedade do mesmo tipo que é, para as demais pessoas, o da nudez pública. Mas o limite entre o que chamamos moda e o que chamamos uniforme — aparentemente entre o frívolo e o sério, o frágil e o durável, o inventado e o autêntico — não é bem claro.

Se a moda trata de determinar quem pertence e quem não pertence — e certamente é usada para fazer isso —, o uniforme também o faz. A moda serve para definir grupos que se veem de forma bem diferente da de um exército. Mas os uniformes, assim como a moda, são criados para conferir prestígio. O uniforme militar, ao que parece, tem a característica de autenticidade a que a moda dá especial importância. Mas os uniformes estão longe de ser as criações inocentes que seus donos gostariam de considerar.

A camuflagem parece ser um fenômeno prático funcional, adotado pelas forças armadas de cada país com o propósito de ocultar. Mas, com o passar do tempo, transformou-se na verdade num padrão de diferenciação. Cada exército nacional tem seu próprio padrão de camuflagem, e usa-o para distinguir amigo de inimigo. Ao mesmo tempo que tenta tornar seus usuários invisíveis, a camuflagem também gera um sinal de extrema visibilidade, pretendendo identificá-los para o seu próprio lado no combate.

A camuflagem militar se baseia num paradoxo gritante: visa a tornar o usuário tão invisível quanto possível, mas cada exército no mundo tem seu padrão característico, para diferenciar amigo de inimigo. No sentido horário, a partir da metade superior esquerda: alemã, americana, britânica e síria.

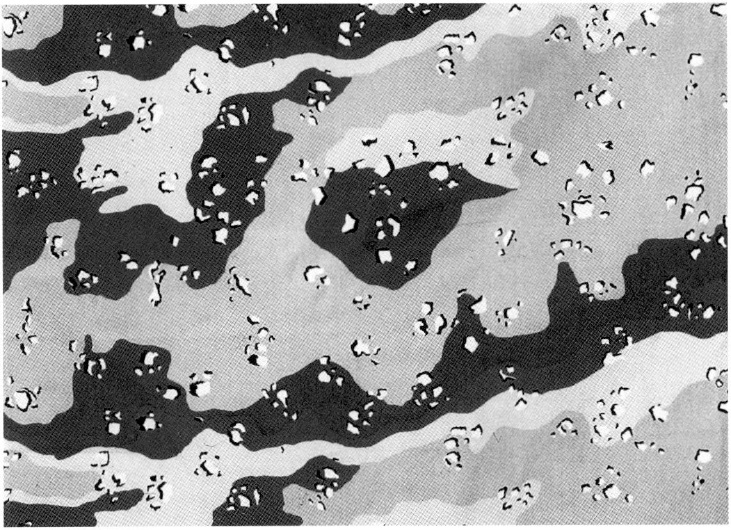

Os uniformes tratam ao mesmo tempo de comando e controle. De pertencer e não pertencer, de transformar um indivíduo em membro de um grupo e de definir esse grupo, em oposição a outros. Todos esses são aspectos do papel da moda à paisana. Desde o desenvolvimento do cáqui e da camuflagem, o uniforme militar sempre procurou um álibi na função. Mas os uniformes dependem de um significado simbólico expresso por cores, acessórios e insígnias de posto. Têm velcro em vez de botões, e bolsos grandes nas calças para carregar coisas. E esses elementos não são apenas funcionais. Estão ali para sinalizar que o usuário tem um significado comercial.

A finalidade mais básica de um uniforme é tornar o usuário o mais intimidante possível. Isso pode ter a ver com enfatizar a masculinidade ou, dado o atual equilíbrio militar dos gêneros, tirar a ênfase da sexualidade. Quando a força física era fundamental, os uniformes eram concebidos para dar a ilusão de que os usuários pareciam maiores do que na verdade eram. As plumas num capacete grego clássico, ou na barretina de um granadeiro, ainda podem impressionar.

Um uniforme militar também é concebido para lidar com contextos de extrema especificidade: de confusão, de salão de exercícios, de área de desfiles e de campo de batalha no inverno e no verão, no deserto e na neve. E oferece oportunidades ao usuário de personalizá-lo com as próprias marcas através de distintivos de posto e condecorações militares. O uniforme realça o paradoxo entre a moda como meio de expressão individual e a moda como forma de suprimir a individualidade e conferir uma identidade pré-fabricada a quem o usa.

Os uniformes de exército têm raízes muito mais próximas da moda à paisana do que hoje se acredita. Antes do recrutamento obrigatório, os oficiais tinham seus uniformes feitos pelos mesmos alfaiates que confeccionariam seus trajes civis. Os uniformes são criações tão estudadas quanto qualquer coleção de moda. E os uniformes também reagem a oscilações de humor que impulsionam a moda, como se vê na tendência dos exércitos de adotar as roupas dos últimos vitoriosos. O estilo napoleônico já deu o tom para todos os exércitos europeus menores. Após as vitórias militares da Prússia, o capacete pontiagudo e o cinza militar se tornaram muito mais populares que o quepe.

Como o cinema, os uniformes tanto são compostos pela moda como ajudam a compô-la. Lembro-me de que, quando entrei no ateliê de Yohji Yamamoto, em Tóquio, não havia sinal de nada que ele tivesse desenhado. Mas ele havia pendurado numa arara uma parca do exército americano, uma túnica militar da força japonesa de autodefesa e o que parecia um casaco do corpo de bombeiros para enfrentar o mau tempo. Essas peças estavam ali para fins de pesquisa, para dar algumas pistas sobre as costuras, as ombreiras e os botões para uma coleção que ele estava desenvolvendo.

Giorgio Armani, por outro lado, foi encarregado de redesenhar os uniformes da polícia paramilitar da Itália, os Carabinieri. O primeiro uniforme dos Carabinieri, em 1814, foi inspirado no exército napoleônico, o grande vitorioso da época. Agora são as forças especiais americanas que fornecem as sugestões visuais, mas chapéus grandes ainda são importantes.

Os Carabinieri em ação de tropa de choque substituem os uniformes tradicionais, que incluem um boldrié, por um traje muito menos formal. Trata-se de um desdobramento que mostra como também mudou a noção de traje civil formal. A roupa descontraída de uma geração é o traje formal da geração seguinte.

A arte é uma maneira de ver o mundo. Mas a moda também. Pode ser a forma mais íntima, mais pessoal e mais poderosa de comunicar tudo, desde posição militar a orientação sexual e status profissional. Pode ser democrática ou esnobe, sutil e criativa ou flagrantemente sexualizada.

São essas múltiplas mensagens que tornam a moda uma força tão poderosa — que tantos regimes já tentaram controlar usando elaboradas leis suntuárias que ao longo do tempo restringiram o uso de certos tecidos e cores aos privilegiados. Os romanos limitavam o uso do corante púrpura de Tiro, para evitar tensão social; os franceses da Idade Média restringiam o veludo a príncipes:

Quando Giorgio Armani foi solicitado a redesenhar os uniformes dos Carabinieri da Itália, no primeiro momento o pedido soou como um desvio frívolo, mas obviamente sempre se esperou que os uniformes militares fizessem seus usuários se sentirem melhor em relação a si mesmos.

tentavam manter uma hierarquia social e reprimir as pretensões de quem acabava de ascender socialmente. Tais leis eram um reconhecimento da força da moda como sinal de status.

Esse status não se limita ao indivíduo: também pode ser uma questão de prestígio nacional refletido pela indumentária. A partir do século XIX a indumentária ocidental foi uma norma cultural internacional. Usá-la tornou-se o preço que as elites locais de toda parte pagavam para serem admitidas no mundo moderno como definido pela Europa e a América metropolitanas. Para os iranianos, não usar gravata e deixar o colarinho aberto na CNN é uma afirmação modesta mas visível de identidade nacional, tanto quanto é o *kilt* na Escócia.

O Japão, que no século XIX estava determinado a se modernizar após séculos como um reino eremita fechado ao mundo externo, logo adotou essa atitude. Em busca de sua política oficial de mudar externamente para permanecer igual internamente, o Japão importou navios a vapor dos estaleiros do rio Clyde, uma Bolsa de Valores inspirada na de Londres e um sistema educacional secundário baseado nos ginásios alemães. Com as instituições, veio a indumentária ocidental adequada. Os banqueiros e diplomatas japoneses no fim do século XIX estavam usando cartolas de seda, e seus colegiais eram vestidos com túnicas militares de estilo prussiano que ainda sobrevivem no metrô de Tóquio, se não no de Berlim.

Para se modernizar, Tóquio precisou adotar as modas e a tecnologia do Ocidente. Demorou bem mais a adquirir a autoconfiança criativa para assumir a liderança na remodelação de uma ideia contemporânea de moda.

Até os anos 1960 o Japão era considerado pela Europa e pelos Estados Unidos quase do mesmo modo como a China é hoje. Era a fonte de um fluxo incessante de produtos manufaturados baratos e de qualidade inferior, incluindo a blusa de um dólar e um sem-fim de imitações baratas e alegres. A ascensão do Japão à categoria de uma potência da moda reflete como é central o papel cultural que agora o país tem de desempenhar no mundo.

A imagem de Atatürk de fraque está sempre presente na Turquia. Nos anos 1920, seu colarinho de ponta virada era o sinal de suas aspirações à modernidade; agora é um lembrete fantasmagórico do nascimento de uma república secular. Atatürk, como a família imperial japonesa na virada do século, via a indumentária ocidental como passo essencial. Ao mesmo tempo diretor de arte, político e soldado, Atatürk aboliu o fez, introduziu a escrita latina e construiu uma nova capital.

Uma geração de estilistas comandada por Issey Miyake, da qual também fazem parte Yohji Yamamoto e Rei Kawakubo, que cresceu após a derrota do Japão na Segunda Guerra Mundial, seria um elemento importante na transformação do país em parte essencial do mundo moderno. Miyake, que estagiou com Givenchy em Paris em 1968, começou a explorar uma versão especificamente japonesa do que a moda poderia ser quando regressou ao seu país. Misturou tatuagem de gângsteres, tecidos de pescadores e cores novas e contemporâneas para criar seu vocabulário característico. A etiqueta de Rei Kawakubo, Comme des Garçons, adotou uma abordagem diferente mas igualmente radical. Ela estava pronta a desconstruir a moda, desafiando noções convencionais de acabamento e qualidade e ideias preconcebidas sobre o vocabulário da indumentária. Quando suas primeiras coleções foram apresentadas fora do Japão, a reação foi de choque e, inicialmente, espanto. O visual Kawakubo foi chamado de estilo sem-teto por algumas editoras de moda, mas provou ser bem forte para não ser rechaçado facilmente.

No passado, o exótico já despertara muito interesse entre os criadores de gosto europeus. A *chinoiserie* fora uma influência poderosa no século XVIII. A campanha napoleônica no Egito criou um gosto passageiro por estilos de decoração faraônicos. E meio século depois a abertura do Japão para o mundo em meados do século XIX criara uma mania efêmera de motivos japoneses, que teve mais impacto na arte do que na moda. Mas essa importação de estilos exóticos era essencialmente uma forma de turismo cultural. Só quando os estilistas japoneses chegaram para apresentar suas coleções em Paris e vendê-las na Barneys, em Nova York, no início dos anos 1980, o Ocidente se viu transformado em consumidor passivo da moda de outras culturas. Antes disso, seus estilistas consideravam que criavam a moda, que era então exportada.

Desde o início dos anos 1980, embora originalmente usada só por uma pequena elite, a moda japonesa teve profundo impacto psicológico tanto no Japão quanto no exterior. Fez com que a moda deixasse de ser algo que os criadores de gosto ocidentais

Rei Kawakubo deu a sua etiqueta, Comme des Garçons, um nome francês, mas fez uma moda que era caracteristicamente japonesa e pela primeira vez questionou a noção de modernidade como monopólio europeu ou americano.

impunham ao restante do mundo. Tóquio agora estava fazendo coisas capazes de mudar as percepções daqueles que antes se consideravam o único ponto de referência. E não eram apenas os detalhes sazonais, era toda a natureza do que as pessoas usavam. Isso mudou a visão do que o Japão tinha a oferecer. A moda provou que o Japão, além de ser um país tecnologicamente inventivo para construir pequenos carros confiáveis e econômicos, também tinha talento para criar imagens e uma identidade que outros achavam atraente.

O que Miyake, Kawakubo e Yamamoto ofereciam não era a reconfiguração do que se poderia chamar de aspectos folclóricos ou étnicos da indumentária japonesa, embora essas extraordinárias tradições de habilidade profissional e significado por certo fornecessem uma rica linha de inspiração. Em vez disso, eles tentaram dar às roupas um aspecto mais cerebral.

Particularmente quando o design japonês só era disponível em alguns pontos de venda, as roupas tinham uma natureza misteriosa, difícil de situar. Os estilistas usavam silhuetas desconhecidas, empregavam muito preto e manipulavam a elaboração de tecidos e roupas de maneiras radicais. Era uma abordagem de gênero e de corpo muito diferente das normas da moda ocidental. Era algo que com certeza atrairia quem se considerasse bastante independente de espírito para não ficar aprisionado pelos critérios familiares da moda. Atraía quem entendia que moda nem sempre é inextricavelmente ligada à juventude. Era moda, na verdade, para quem não gosta muito de moda.

A moda é definida tanto pelo universo das roupas quanto pelo fenômeno de mudança que denota. Trata do modo de vestir e das mensagens que as roupas trazem. Mas também do modo como somos programados pelo mundo que nos rodeia para procurar variações. O dia passa por mudanças de luminosidade à medida que o sol nasce e se põe. As estações transcorrem num ritmo mais lento mas igualmente predeterminado. A ideia de que esperamos ver nosso mundo sempre em movimento pode ser considerada uma consequência natural desse fenômeno, que atua sobre múltiplos ciclos diferentes ao mesmo tempo. A cada estação, as coisas precisam ter um visual diferente. Mas num ciclo de mais longo prazo há a mudança de ritmo diferente que passa da contenção à extravagância. Isso pode ser uma resposta ao clima social, uma reação a uma depressão econômica ou uma guerra, ou em sintonia com a tendência demográfica para a juventude do *baby boom*. Leva-nos da sexualidade ostensiva ao puritanismo, do curto ao longo, do colorido ao monocromático, da nostalgia ao futurismo.

Nossa visão sobre quase tudo, de modas intelectuais a esquemas de cor, oscila, moldada pela natureza essencialmente cíclica da forma como entendemos os fenômenos.

Vemos assim a transição do formal para o descontraído, da ideia de que o smoking é um traje descontraído para a geração que sucedeu a que teria usado casaca, mas formal para os que prefeririam usar terno, que, por sua vez, é formal para quem adota o jeans e o tênis como traje do dia a dia.

Do mesmo modo, houve uma época em que o conceito de calçado descontraído se limitava a hiper-reluzentes sapatos de amarrar de couro marrom. O estilo era idêntico ao do sapato formal tradicional: só a cor mudava. O cadarço e a manutenção constante através do processo de engraxar o couro até deixá-lo brilhando como um espelho ainda eram compulsórios. Mas bastava essa mudança de cor para mostrar que o usuário havia deixado para trás as preocupações da vida profissional. Na verdade, tão radical era a mudança do preto para o marrom que, na City, usar sapatos marrons era considerado inaceitável, especialmente com um terno formal.

E agora o sapato tradicional parece estar à beira da extinção. A princípio, materiais sintéticos foram usados para parafrasear sua forma. Mas a explosão do sapato esportivo mudou isso. O tênis, de artefato especializado, a ser utilizado só quando exigido na pista ou no campo, se espalhou como por metástase e começou a usurpar o papel do calçado formal. No início, isso era um sinal de classe, como o veículo 4x4 repelindo o carro de passeio tradicional. Os jovens e os pobres adotaram o tênis e dele se apropriaram, embora o sapato de couro tradicional pudesse muitas vezes ser substancialmente mais barato. Então, a máquina de marketing da Nike entrou em ação. Em parte por isso, os pés do mundo ocidental ficaram delicados — para consternação dos sargentos de instrução, que tinham de lidar com recrutas de pés muito macios para botas militares tradicionais.

A princípio, o sapato esportivo era um suplemento, não uma substituição. Tornou-se um hábito nos Estados Unidos as mulheres elegantemente vestidas irem para o trabalho de tênis e os trocarem por sapatos de salto na porta do escritório. Se os tênis e as várias outras formas de calçado cada vez mais especializadas se espalharam de maneira avassaladora, o sapato formal continuou se aferrando à sua forma tradicional, embora estivesse sendo relegado a um enclave social cada vez menor.

Os tênis, porém, estavam impulsionando o sistema da moda, com cores e estilos cada vez mais vistosos. Novas coleções eram lançadas a cada três meses, embora o tênis permanecesse dentro dos limites originais do tipo. Então o sapato esportivo deu um salto lateral, lançando-se em cima do sapato formal e subvertendo seu estilo tradicional. Alguns sapatos novos da Prada não são uma coisa nem outra: viraram uma espécie de híbrido de natureza diferente, com certeza não um sapato tradicional, mas tampouco pretendendo ser o tipo do calçado para poder correr cem metros nas Olimpíadas. Em vez disso, foi adotada a paleta de materiais e cores do calçado esportivo, para criar uma paráfrase do estilo funcional, que foi cruzada com o sapato formal. Os tênis supostamente têm solas com frisos fortes, como pneus de trator. A Prada parodiou isso moldando suas solas com o aspecto de pele de lagarto. Não há cadarço, mas esses sapatos não têm cara de mocassim. Há uma diferenciação entre a sola e a parte superior do sapato, mas não da forma convencional. E o sapato foi criado para ser usado com um terno Prada.

As consequências da transformação da moda de artesanato em indústria continuam se acelerando. Em virtude de sua capacidade de assimilar e explorar outras formas de cultura visual, a moda está transformando a concepção de arte e de design. As maneiras pelas quais motiva nossa sociedade estimulada por celebridades dão sinais constantes de exaurir completamente a cultura no sentido tradicional, mas não demonstram perder o encanto. Na verdade, a indústria da moda agora molda quase todas as outras. O processo de fazer carros, eletrodomésticos ou computadores tem muitas das características do processo de fazer moda — um processo que não dá sinais de desaceleração. A moda é a forma mais desenvolvida de obsolescência embutida, a força motriz da mudança cultural.

Capítulo Cinco

Arte

É um paradoxo curioso que até o mais materialista de nós tenda a dar mais valor ao que pode ser chamado de inútil do que ao útil. Inútil não no sentido de não ter finalidade, mas sim de não ter utilidade, ou, pelo menos, não muita. Manolo Blahnik faz sapatos com os quais é mais difícil andar e que são muito mais caros do que um par de sapatilhas, mas podem ser bem mais úteis como acessório para uma demonstração de galanteio. Uma Ferrari chama mais atenção que um Volkswagen, mas não é um meio prático de transporte urbano. E, num nível mais fundamental, enquanto a arte é inútil, o design é útil. Portanto, Picasso é uma figura muito mais central para a cultura do século XX do que Le Corbusier, e *Guernica*, se algum dia fosse vendido, alcançaria um preço muito mais alto do que a Unité d'Habitation.

Alguns designs são menos úteis que outros, e são os que têm mais status que os outros. Há uma categoria de mobiliário de escritório que era conhecida como cadeira de diretor e outra designada como cadeira de digitador. A última, muitas vezes, é a peça mais complexa e mais confortável. As linhas de produção são mais longas, justificando um acabamento mais caro, e dá-se mais atenção ao seu desempenho. Objetivamente, se é que se pode ser objetivo em relação a essas coisas, trata-se de uma cadeira melhor. Mas as conotações utilitárias que tem uma cadeira regulável de desenho ergonômico adequadamente concebida incentivou os administradores a adotar os sinais de conforto de prestígio, e não a substância mais igualitária da cadeira de digitador. O quadro mudou com a chegada da cadeira Aeron, de Herman Miller, que redefiniu as regras de como deve ser o visual de uma cadeira de prestígio e deixou claro que a ergonomia é para todos — a ponto até de essa cadeira já ter começado a aparecer em cenários domésticos.

Muitas vezes, de fato, um local de trabalho de prestígio é um espaço em que o mobiliário tem o caráter mais doméstico possível. Veja os escritórios de advocacia americanos e seu fraco por interiores no estilo colonial Chippendale, ou, na outra ponta do espectro, a simpatia de tantas companhias de mídia novas por futebol de mesa e pufes.

Observa-se uma lógica perversa semelhante na colocação dos assentos de um carro dirigido por chofer. Todo carro é projetado de modo que o assento do motorista seja o mais confortável, o mais acessível e o que proporcione a melhor visibilidade, mas no carro dirigido por chofer o ocupante mais importante tem direito a um assento traseiro, embora não atrás do chofer.

A utilidade é inversamente proporcional ao status. Quanto mais inútil, mais valorizado é um objeto. A utilidade com prestígio se limita a elaborações barrocas de qualidade visivelmente redundante tais como o relógio de pulso desenhado para ser usado por mergulhadores, astronautas e pilotos de corrida, em que a precisão se torna uma forma de decoração ou joia, ou ao carro utilitário esportivo, o SUV, repleto de itens extras.

A questão da utilidade, que foi explorada longamente em *A teoria da classe ociosa*, de Thorstein Veblen, ajuda a explicar por que, nos últimos cento e cinquenta anos, o design é considerado uma espécie de atividade que não deve ser comparada com a arte. A arte, supostamente, trata de toda uma categoria de coisas inteiramente diferentes. Uma atividade trata do mundo material, comercial e útil dos objetos produzidos em massa, e a outra, de um mundo de ideias mais intangível e escorregadio, e da aura do singular e do inútil.

Na Grã-Bretanha, costumava-se chamar o design de arte comercial, para distingui-la da arte de verdade. Quando os designers começaram a se organizar profissionalmente em 1930, intitularam-se Sociedade dos Artistas Industriais. Foi aí que o design começou a ser reconhecido em seu sentido moderno, após um divórcio amargo das artes e ofícios. O design comercial convencional agora é tratado como o filho bastardo da indústria de *branding*. E toda a categoria de objetos que pode ser considerada arte é encarada por alguns guardiões como superior à categoria de objetos desenhados precisamente por causa de sua utilidade.

Trata-se de uma atitude que está difundida. Nos anos 1980, quando o Design Museum em Londres sondou Alan Bowness, então diretor da Tate Gallery e genro de Barbara Hepworth, sobre a possibilidade de ocupar parte das instalações de Millbank da Tate, dizem que ele descartou a ideia com o comentário de que "Cúpulas de lâmpadas não me entusiasmam".

Mas há boas razões para entender o desenho de objetos num nível mais profundo. Caso pensemos no que definia grande parte do raciocínio de Marcel Duchamp, e de Andy Warhol também, havia certamente uma preocupação íntima com muitas das mesmas questões que sustentam os aspectos mais reflexivos do design. Em particular, tanto Duchamp quanto Warhol exploraram a importância da produção em massa. O mictório *ready-made* e as serigrafias de Mao sugerem algo importante sobre nossa relação com objetos industriais e o impacto da produção em massa sobre a cultura. Entre outras coisas, nos falam do poder que a arte tem de transformar materiais banais em objetos de valor incalculável. Mas é disso que o design também trata — em geral não como ferramenta crítica, mas oferecendo um guia passo a passo.

O design sempre envolveu moldar e embelezar coisas do dia a dia, para nos fornecer algo que nos lembrasse o mundo para além da utilidade. O design se preocupa com o caráter emocional dos objetos. É usado para fazer coisas baratas de produzir parecerem caras. Faz com que os produtos pareçam resistentes, e portanto glamorosos, mesmo quando são precários. Por que não pode também fazer objetos banais parecerem arte, mesmo que não o sejam?

Quase todos os designers foram treinados para, no fundo, acreditar que design não é arte. Talvez por isso tentem com tanta frequência ser artistas. George Nelson, por exemplo, um dos designers industriais mais racionais dos Estados Unidos, afirmou que "o designer é essencialmente um artista, um artista cujas ferramentas são um tanto diferentes daquelas de seus antecessores, mas assim mesmo um artista".

Quando começou a colecionar design, nos anos 1930, o Museu de Arte Moderna de Nova York adotou uma perspectiva mais cuidadosa. Para o museu, design e arte não eram a mesma coisa mas, colecionando design, o MoMA estava resolvido a conferir mais status ao design como categoria. Para tanto, achava que precisava apresentar design como se fosse arte.

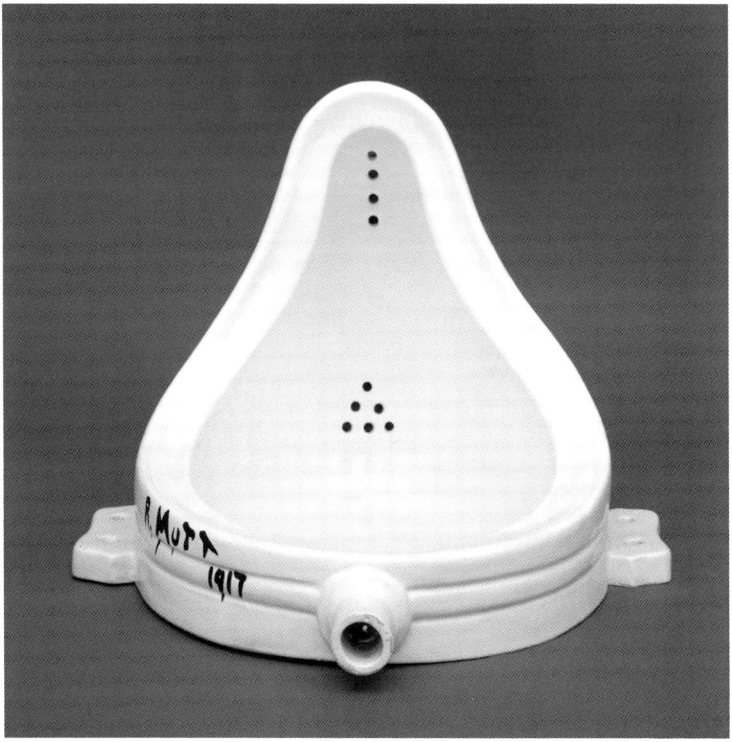

Duchamp fez o mundo olhar para objetos produzidos industrialmente como mais que o resultado anônimo do sistema industrial. Warhol acompanhou sua investigação do impacto da reprodução mecânica sobre a cultura visual. O trabalho deles não era design, mas certamente era sobre design.

Campbell's
CONDENSED
TOMATO
SOUP

Enquanto a propaganda em torno da elevação do design à corrente cultural dominante celebrava as virtudes da produção em massa como força cultural, o verdadeiro impacto de sua adoção pelo Museu de Arte Moderna foi bem diferente.

Quando abriu o MoMA em 1929, Alfred Barr admitiu alguns objetos produzidos em massa e os deixou postados em frente à galeria de Picasso e Braque. Havia uma intenção retórica nisso. O modernismo era a arte da era da máquina, e o museu desejava ser visto como tão radical em sua escolha temática quanto os artistas que defendia. Mas o critério de seleção do museu se baseava antes no visual das coisas do que no que podiam fazer. Hélices, rolamentos e ferramentas de máquina, até uma carroceria Cisitalia de liga metálica trabalhada à mão, desenhada por Pininfarina, e, mais tarde, um helicóptero, foram admitidos nos interiores imaculadamente brancos do museu. Mas só se fingissem não ser design de todo.

O prêmio para uma versão de design sueco — embora cuidadosamente selecionada, de fabricação americana — de um rolamento autoalinhante de aço cromado ser colocada no mesmo contexto de um quadro de Fernand Léger representando um rolamento foi legendar a peça como se fosse uma pintura. Não havia nada mais do que o anúncio inexpressivo de data, meio e nome para distrair os visitantes de sua contemplação reverente dessas relíquias sagradas. Nada sobre a finalidade desse objeto inegavelmente belo, nem sobre sua composição, podia ser incluído. Na verdade, nos registros do museu, Sven Wingquist, o engenheiro que fundou a Svenska Kullagerfabriken, que fez o rolamento, é mencionado, mesmo hoje, como o "artista" do objeto.

Em seus textos escritos e nas técnicas de exibição que usa para design e arquitetura, o MoMA sempre adotou o mesmo tom inescrutável que reserva à arte. Isso não é uma boa ideia quando se fala de luminárias de mesa e telefones ou motocicletas e painéis de partida de aeroportos. Ao contrário dos tijolos de Carl Andre, essas peças merecem estar num museu não tanto por suas características naturais como objetos quanto pelo que representam em termos do esforço e da inteligência usados em sua criação.

Não é a mesma coisa para uma obra de arte. Descrever o contexto em que Picasso pintou *Les Demoiselles d'Avignon*, mostrar o pavilhão que José Luis Sert projetou para a República Espanhola na Feira Mundial de Paris de 1937 abrigar *Guernica*, reproduzir uma imagem de um dos bombardeiros Junkers que participaram dos ataques nacionalistas à cidade, ou o relato de um jornal contemporâneo da tragédia são, em si, procedimentos extremamente esclarecedores. Mas se compartilharem um espaço com a obra de arte que ajudaram a criar, são intrusões. Para o design, o contexto e o processo são essenciais. Precisamos saber por quanto tempo uma máquina de escrever esteve em produção e quanto custou para entendê-la plenamente. Precisamos ver as plantas detalhadas, a propaganda, as ferramentas de produção e a embalagem para ter uma noção da sua importância. Saber como Jackson Pollock fazia seus quadros gotejados por certo é importante. Mas não é uma precondição essencial para se emocionar com a arte dele.

Por isso, obviamente, o Museu de Arte Moderna apresenta o design da forma que apresenta. De modo consciente ou não, está fazendo o melhor para sugerir que o design é tão inútil quanto a arte, e, portanto, quase tão importante.

Como o Partido Comunista Chinês, que ainda consegue sugerir que a Bolsa de Valores de Shenzhen e a situação ilegal da subclasse migrante de Xangai são compatíveis com os princípios do marxismo-leninismo, o museu continua a falar das virtudes da utilidade e da produção em massa ao mesmo tempo que consagra o inútil e a peça única.

Arthur Drexler, que foi durante muito tempo curador das coleções de design e arquitetura do MoMA, se recusou a colecionar mais que um punhado de aparelhos mecânicos durante sua gestão. Afirmava que, "muitas vezes, seu design é determinado por fatores comerciais, irrelevantes ou até prejudiciais à qualidade estética".

Mas Drexler adquiriu, sim, o helicóptero Bell 47D1 que ainda está pendurado no museu, tendo mudado de um prédio novo para outro. A máquina verde, com sua estrutura de cauda vazada e sua cabine em forma de bolha de acrílico, é um objeto que Terry Riley, o antigo curador de arquitetura e design do MoMA, chamou uma vez de "nossa vitória alada". Ele fez o comentário durante uma discussão sobre a força da disposição. No Louvre, a *Vitória de Samotrácia* está no topo de uma escadaria, uma mensagem sobre sua importância bastante clara para a grande maioria dos visitantes que nunca ouviram falar em Samotrácia. O helicóptero do MoMA flutua também acima de uma escadaria, embora pendurado numa rede de cabos.

Quando foi desenhado por Arthur Young, em 1945, o 47D1 foi o primeiro helicóptero licenciado comercialmente nos Estados Unidos. Naquela época, argumentos fortes justificavam que fosse descrito como o helicóptero melhor, mais interessante e de tecnologia mais avançada do mundo. Ninguém hoje consideraria que faz jus a esses elogios — a tecnologia aeroespacial muda numa velocidade maior do que a maioria das outras. Mesmo quando Drexler o adquiriu para o museu, em 1983, a Bell já não o tinha em linha havia dez anos. O que hoje distingue o 47D1 de todos os outros helicópteros é ter sido o primeiro helicóptero no mundo a ser pendurado num museu de arte moderna. E é por isso que está onde está, pois tanto resume o museu e sua história quanto qualquer coisa intrínseca que tenha a dizer sobre helicópteros. É belo e inútil.

O confronto da coleção de design do MoMA com a arte não ajudou George Nelson, e a metade dos designers que trabalha com produção em massa e objetos domésticos, a lidar com a visão de que design é o símbolo antes do comércio que da cultura. E é por isso que o surgimento recente de obras criadas por designers que aspiram a ser consideradas arte podem parecer uma bravata comoventemente vulnerável.

O design cresceu em torno de um conjunto de ideias fundamentais. Uma é que design é uma resposta a uma série de instruções. É apresentado um problema para os designers, e eles encontram um modo de solucioná-lo. Outra é que o design é essencialmente democrático: aspira à produção em massa e à acessibilidade, o que pode ser o maior desafio dos designers. Desenhar uma boa cadeira de 2 mil libras é mais fácil do que desenhar uma boa cadeira de vinte libras.

Quando o Museu de Arte Moderna adquiriu o helicóptero Bell, que agora é peça essencial de sua exibição permanente, o aparelho já era tecnologicamente redundante. Estava ali não porque representava o que havia de mais moderno em desenho de helicóptero, mas sim porque foi o primeiro helicóptero a ser pendurado num museu. Tornara-se, nas palavras do curador do MoMA, Terry Riley, "nossa vitória alada".

Acima de tudo, o design de fato é concebido para ser útil. Naturalmente, a resposta de cada designer para cada um desses desafios pode ser mais ou menos bem-sucedida, mas para merecer ser chamado de design o resultado tem pelo menos de tentar abordá-los

Na Feira de Arte de Milão de 2007 o design tornou-se combativamente inútil. O designer alemão Marcel Wanders assumira uma fábrica desativada para acomodar uma quantidade de objetos de cerâmica disformes que pareciam vasos ampliados por Jeff Koons até terem o tamanho de armários. Ao lado estava a obra de um grupo chamado Studio Job, que fizera um conjunto de reproduções de bronze em tamanho exagerado de objetos prosaicos do dia a dia, incluindo um balde, um jarro e uma lanterna. A Dolce & Gabbana cedera a Ron Arad a passarela no cinema que hoje é sua base permanente, e ele a cobriu do começo ao fim com um desenho de 50 metros que funcionava como pano de fundo para uma dúzia de preciosos objetos de acrílico que tinham uma relação distante com cadeiras. E em cada instalação e em cada exposição privada em Milão o designer austríaco Marc Newson lança uma sombra invisível. Em sua exposição três meses antes, na Gagosian Gallery em Nova York, ele havia comemorado o rompimento da barreira do milhão de dólares num leilão com uma edição supostamente limitada da estante cortada de um único bloco de mármore de Carrara. As estantes de Newson tomam um objeto funcional como ponto de partida mas o transformam numa obra preciosa de arte decorativa que terá mais chance de durar a vida inteira do que, digamos, um carro ou um computador.

Todos os designers que chamavam a atenção na feira estavam fazendo coisas que, à primeira vista, são tudo o que o design não é. Estavam criando objetos que não tinham nenhuma relação com a solução de algum tipo de problema. Estavam produzindo coisas que eram fundamentalmente inúteis, em números reduzidos, e a preços elevadíssimos. Significa que não eram mais designers? Ou seriam designers que mudaram o significado do design em reação à natureza sempre mais efêmera dos objetos produzidos em massa? Ou teriam sido contratados por marchands gananciosos para obter um lucro rápido que arruinaria suas carreiras a longo prazo?

Seu trabalho era muito semelhante à concepção de design que poderia ter um *condottiere* do século XVI ao encomendar a uma oficina milanesa uma armadura cinzelada com ouro finamente trabalhado, decorada com volutas e curvas elaboradas e feita para jamais ser usada quando se estava com raiva.

A separação entre arte e design talvez não seja tão acentuada como às vezes se sugere. Quer se reconheça ou não, o design sempre tratou de algo mais que da utilidade imediata. E esse outro aspecto tornou a vir mais à tona desde que a criação do movimento Memphis, de Ettore Sottsass, no início dos anos 1980, trouxe o pós-modernismo para o mobiliário.

Para Sottsass, havia mais de um tipo de utilidade: a emocional e a funcional. O novo é então o enorme crescimento do mercado para o que se pode chamar de design de galeria. Agora chove dinheiro para comprar Arad, Newson, Sottsass, Ross Lovegrove e Zaha Hadid. Dinheiro exige atenção. Mas se isso era design como forma de arte, então quais eram os critérios para se avaliá-lo? Era obviamente um design "ruim" pelo critério antigo. Mas será que alguém poderia dizer se era arte "boa"?

O argumento utilitário para o design que visa à galeria é entendê-lo como se compartilhasse a teatralidade da moda de passarela. A moda vistosa e inutilizável tem uma relação simbiótica com a corrente dominante da indústria do vestuário, e o design sem função pode ser um investimento em pesquisa e inovação, da forma como a indústria automobilística usa carros-conceito e a Fórmula 1 explora novas técnicas e novos materiais que mais tarde podem ser aplicados à produção em massa. Ron Arad é capaz de explorar a produção industrial para produzir objetos feitos em massa brilhantemente concebidos ao mesmo tempo que trabalha em peças espetaculares para o sistema de galerias.

Não é preciso muita perspicácia semântica para entender a posição especial que a cadeira ocupa no mundo preocupadíssimo com o status dos objetos feitos pelo homem. A cadeira e, antes, o banco existem há pelo menos três milênios — tempo suficiente para que tenha assumido uma autoridade própria, que não depende

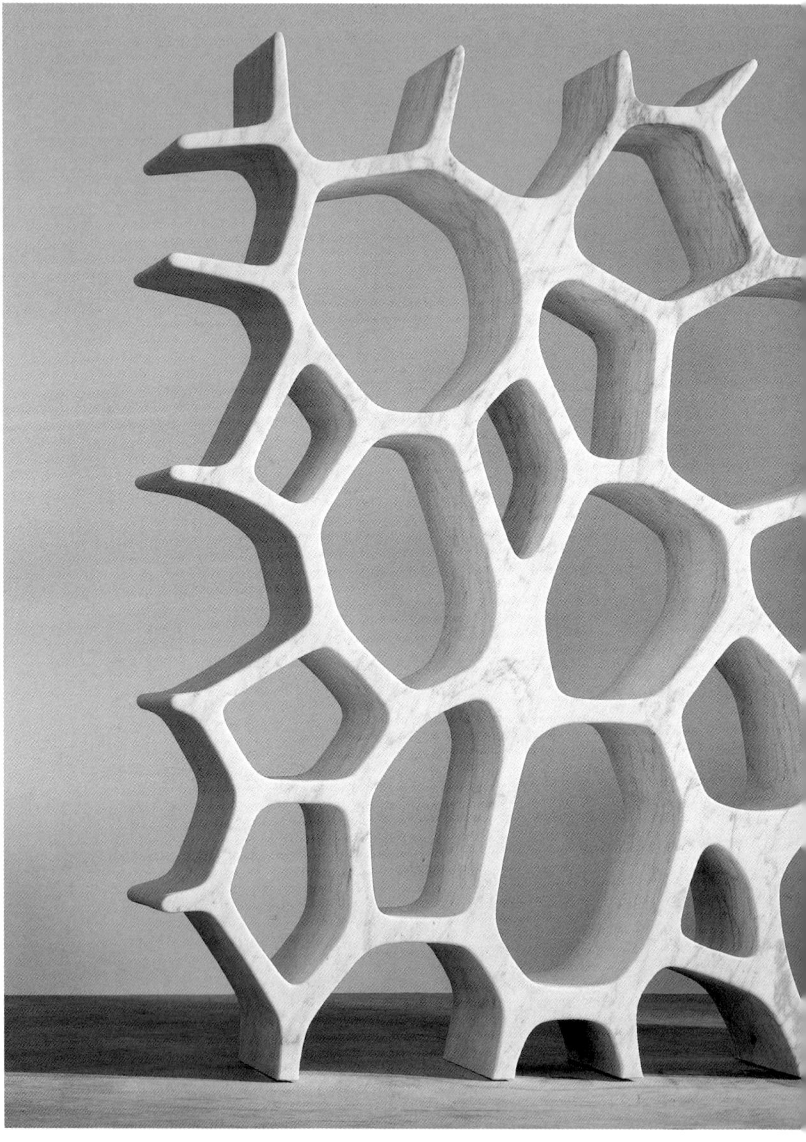

Tendo atrás de si o precedente do leilão da Lockheed Lounge, Marc Newson lidera o mercado para design de edição limitada, vendido e valorizado como se fosse arte.

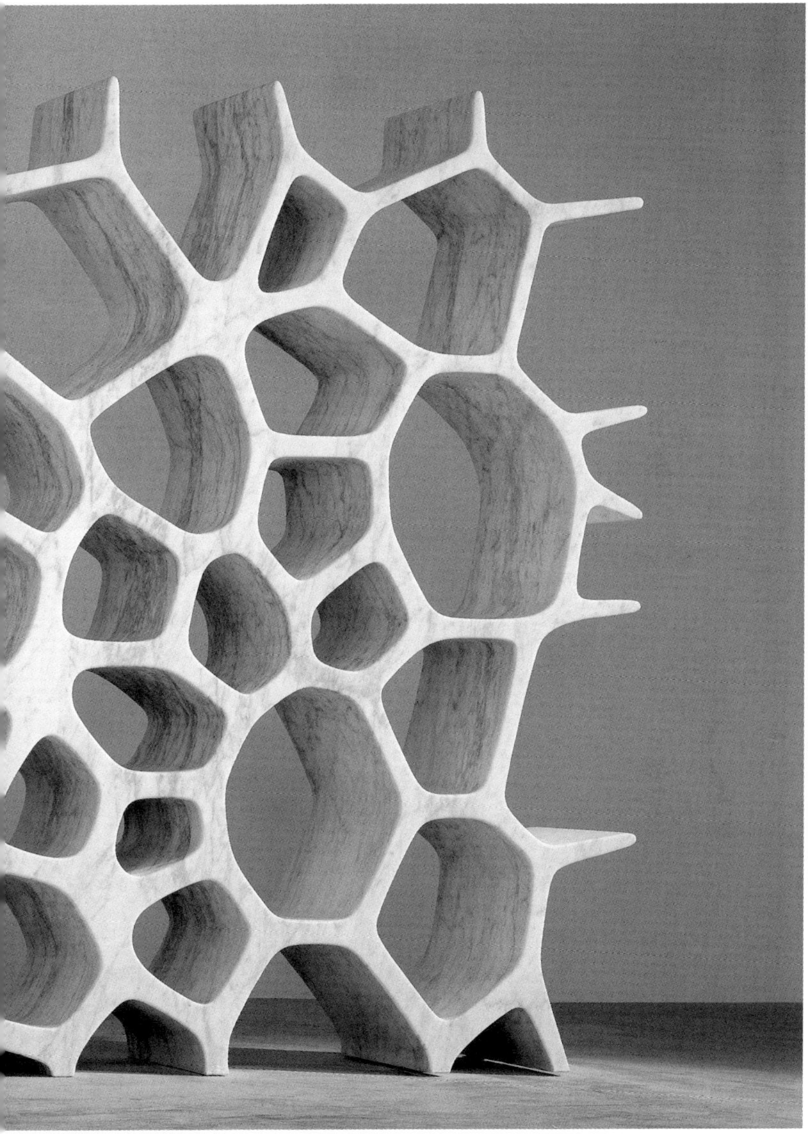

da autoridade dos que nela sentam. Assim, irremediavelmente confundiu signo com substância. Há assentos de poder, assentos de países, pronunciamentos *ex cathedra*, cadeiras de professores titulares de uma disciplina e, obviamente, *chairmen*, sem falar de berlinda, assentos do motorista e dos deputados. A cadeira, no fundo, é um objeto que deve ser descrito como útil, mas também é considerado culturalmente significativo porque tem uma longa história muito ligada a tantas finalidades que vão bem além da utilidade.

A cadeira, assim como a lareira, é há tanto tempo parte inescapável da vida que se tornou um arquétipo cultural, assim como do design de uma forma que muitos objetos igualmente úteis, como aparelhos domésticos de calefação central, ainda não se tornaram. Um aquecedor pode ser um projeto tão criativo e elegante, e lhe dar uma ideia de todo o quadro social que você precisa ter em mente para entender as pessoas que o utilizam, mas ainda falta muito para ter as mesmas ressonâncias culturais de uma cadeira ou uma lareira.

Após uma correspondência prolongada com o chefe do cerimonial da Casa dos Lordes, uma vez consegui sentar num trono sobressalente de consorte, projetado por Augustus Welby Pugin, para ser usado como apoio no Palácio de Westminster em ocasiões oficiais. Fora de contexto, o trono ainda parecia bastante impressionante, embora tenha sido cuidadosamente produzido em escala reduzida para não deixar em segundo plano o próprio trono real. Era dourado para parecer feito de ouro, o metal que ainda é o indicador universal de durabilidade e posição em quase todas as culturas. Estofado em veludo real, era decorado com uma quantidade suficiente de elementos arquitetônicos góticos para conferir um aspecto real e imponente a qualquer um que o ocupasse.

Era um trono e ao mesmo tempo uma representação simbólica de trono. Era "de verdade", no sentido de que fora feito especificamente para estar na câmara legislativa do Reino Unido, e fora usado por consortes reais "de verdade". Mas era um traje, algo a ser usado tanto pela autoridade que conferia ao usuário quanto como peça de mobiliário.

A peça não precisava que um monarca de verdade se sentasse nela para parecer um trono de verdade. E era mais eficaz em me fazer parecer um consorte real de verdade do que eu em não deixar que ela parecesse um trono de verdade por me sentar nela.

No mundo contemporâneo, o simbolismo de um trono é um tanto impreciso. Os tronos em geral se metamorfosearam em cadeiras. Os déspotas já não costumam usar algo que se chame trono. Em vez disso, têm encontros em cadeiras largas o suficiente para lidar com suas panças inevitavelmente vastas. Sentam-se lado a lado, de costas para a parede, mesmo que esta seja uma configuração que, a menos que eles comecem a virar a cabeça como espectadores de uma partida de tênis, os impeça de olhar nos olhos uns do outros. Mas pelo menos nenhuma das partes tem de aturar a indignidade de parecer estar suplicante em relação a outra enquanto fala para as câmeras de tevê.

Não admira que a história do design moderno seja contada com tanta frequência como uma sucessão de cadeiras de relativo prestígio e não como uma de carros ou de pistolas ou de tipos ou de quaisquer outros concorrentes para calibrar o enorme leque de abordagens possíveis ao design, dentro dos parâmetros de um único tipo de objeto. Mas todos esses objetos podem ser considerados funcionalmente mais úteis do que a cadeira, e por isso uma cadeira pode ser introduzida às escondidas num museu para agir como emissária de seus familiares mais ameaçados. Além disso, tantos objetos extraordinários assumem a forma de cadeiras, e vê-los como um microcosmo do mundo do design é uma ideia totalmente plausível.

As cadeiras por certo nos levam através de uma série de episódios fundamentais na evolução do design. Depois de muitos e muitos séculos em que entalhar, tornear e unir a madeira definia os parâmetros do design de cadeiras, o ritmo mudou drasticamente no século XIX, quando a família Thonet transformou a fabricação de móveis num processo totalmente industrial. Michael Thonet aboliu o talento da fabricação moveleira investindo em maquinário e inventando novas técnicas capazes de produzir formas complexas sem depender de habilidades artesanais. Usava um mecanismo a

Pugin e Thonet tiveram um papel importante no desenvolvimento do design no século XIX. Pugin criou um estilo nacional para a Grã-Bretanha industrial, ao passo que Thonet industrializou a produção de mobiliário pela primeira vez, cortando a ligação entre fabricante e designer.

vapor para moldar a madeira, e componentes modulares, que permitiram que seus herdeiros produzissem determinado modelo, uma cadeira de bar conhecida como número 18, aos milhões, desde 1876. Thonet e seus filhos estabeleceram uma série de fábricas nos arredores das fronteiras do Império Austro-húngaro para ficar perto das matérias-primas e das fontes de trabalho barato.

Se você fosse um William Morris, as patentes de Thonet seriam um desdobramento tão desagradável quanto foi a contribuição do império McDonald's à nutrição de qualquer interessado em comer bem. Na verdade, não havia nada na forma refinadíssima e despojada dos produtos clássicos Thonet que fosse inerente à tecnologia que os produzia. Quando a empresa mostrou pela primeira vez suas cadeiras de madeira vergada, quase toda a gama tentava parecer o mais possível com o mobiliário tradicional feito à mão. Só mais tarde Thonet eliminou todas as incrustações decorativas e passou a trabalhar com arquitetos vienenses para produzir os primeiros indícios de quatro pés da modernidade.

Depois da madeira vergada, os designers de mobiliário trabalharam com outro material recém-inventado, o aço tubular, e depois com uma enorme gama de plásticos sintéticos e resina reforçada com vidro, com moldes de alumínio e extrusões de plástico e alumínio, e com moldagem rotacional. Nesse sentido, a cadeira é um reflexo impressionante das mudanças em tecnologia, técnica de produção e estética — embora as inovações técnicas mais promissoras dos últimos anos, como a moldagem por sopro a gás, que levam em conta a produção barata de formas resistentes e intrincadamente esculpidas, foram antes emprestadas da indústria de autopeças do que produzidas para a manufatura moveleira.

O aço tubular se tornou um material emblemático da era da máquina. Marcel Breuer, Mart Stam e Mies van der Rohe — três figuras fundamentais do modernismo — desenvolveram, com meses de diferença, as próprias versões da cadeira em cantiléver no início da década de 1920. Em termos de design de cadeira, o aço tubular teve o impacto da eletricidade na iluminação. Podia ser dobrado em curvas apertadas e flexíveis que suplantavam o formato

A Cadeira Wassily, de Marcel Breuer, batizada em homenagem a Kandinsky, seu amigo e colega mestre da Bauhaus, utilizou um material industrial desconhecido, o aço tubular, e o transformou no símbolo da modernidade doméstica.

convencional de cadeira de um pé em cada canto. Já houvera cadeiras tecnicamente semelhantes, concebidas por engenheiros americanos anônimos, mas Breuer, Stam e Mies estavam fazendo outra coisa. Eles desejavam usar objetos domésticos familiares para dar uma opinião sobre o mundo moderno. Talvez não conseguissem construir a Utopia. Mas Stam pôde pelo menos pagar um encanador para fazer algo que insinuava como a era utópica da máquina poderia ser um dia, com a ajuda de não muito mais que alguns metros de tubo de gás.

Marcel Breuer fez algo muito mais polido para usar na Bauhaus, enquanto Mies transformou a cadeira em cantiléver numa linha lânguida de aço reluzente, descrevendo um longo arco através de sua versão de travertino e vidro do classicismo. Eileen Gray celebrou a poesia dos mecanismos em suas cadeiras reguláveis, lâmpadas, mesas e espelhos simples e elegantes. Uma geração mais tarde, Charles Eames pôs em prática as lições do que nos anos 1940 era considerado tecnologia avançada de fabricação de aeronaves, e fez cadeiras de compensado e fibra de vidro moldados, modelando perfis com uma elegância de pássaro.

Ettore Sottsass se interessava menos por técnica do que por forma e padrão, e usou a cadeira como ponto de partida para uma série interminável de especulações sobre a natureza do ritual e do símbolo. Essas são coisas tradicionalmente associadas com objetos que uma sociedade valoriza. Sottsass foi um dos primeiros designers a entender que, por baixo dos álibis funcionais, ainda existe a necessidade psicológica de tais fenômenos no mundo contemporâneo, por mais que assumam uma forma diferente.

Todos esses designers criaram objetos que fizeram muito mais do que tratar da questão puramente pragmática de sentar. Cada um de seus produtos podia ser visto como uma espécie de manifesto em prol de uma abordagem pessoal do design. E todos os objetos produzidos têm o respaldo de argumentos fortes para serem considerados não menos emblemáticos de sua época do que a arte feita por seus contemporâneos. Por isso o Museu de Arte Moderna expõe Breuer e Mies.

Mas, apesar de suas pretensões a um lugar central na história do design moderno, nem Gray nem Sottsass foram selecionados para a coleção permanente do MoMA, até o momento em que o fato de Gray ser mulher tornou inevitável que ela fosse incluída no acervo do museu. E Sottsass ainda é representado apenas por uma máquina de escrever: o restante de sua prolífica produção foi considerado em desacordo com a concepção do museu daquilo que constituía design. Os designers contemporâneos que, como Sottsass, eram verdadeiramente capazes de tornar o design parte de uma paisagem cultural maior mas se recusavam a ajoelhar-se para a ideologia do museu deixavam o MoMA cada vez mais constrangido na medida em que este mantinha a ficção de que se interessava pela produção em massa como critério para sua coleção, mas na verdade apresentava o design como se fosse arte.

O museu de fato tem um exemplar da Cadeira Vermelha e Azul de Gerrit Rietveld. É uma versão feita em 1923 — o primeiro protótipo apareceu em 1917, seis anos antes —, e continua sendo feita hoje quase exatamente da mesma forma. Embora fabricada às centenas e não aos milhões, por qualquer padrão trata-se de um marco, e não só na história do design moderno de cadeira. Tem muito a dizer sobre a desconfortável cesura que separa o design da arte.

Projetada e, pelo menos a primeira peça, fabricada pelo próprio Rietveld, a cadeira é uma explosão de estilhaços coloridos cortantes como navalhas, sulcando um sóbrio berço geométrico que mal os pode conter. É o trabalho de um jovem marceneiro holandês muito sério que depois se tornou arquiteto. Fotografias da época o mostram de bata de artista e cabelo tipo ninho de passarinho, recostado em frente a sua oficina.

A cadeira era radical em todos os detalhes. Sua construção, baseada em simples cavilhas de madeira, dava as costas para a tradição do artesanato que celebrava e elaborava o trabalho manual. Sua estética, seus materiais e sua compreensão da natureza do conforto eram completamente inéditos. A Vermelha e Azul era feita de compensado laqueado e faia tingida, acabamentos que eliminam as características materiais da madeira usada. Não havia

A Cadeira Vermelha e Azul de Rietveld, de 1918, não é menos intensa emocionalmente do que as telas contemporâneas de Mondrian, e suas obras tinham muito em comum. Mas uma cadeira que Rietveld fez para uso próprio alcançará apenas uma fração do preço de um quadro de Mondrian. O perspicaz livro de Thorstein Veblen, *A teoria da classe ociosa*, nos diz por quê. Damos mais valor ao inútil que ao útil. A arte é inútil, e mesmo uma cadeira tão transgressora quanto a de Rietveld ainda é eclipsada pela mácula da utilidade.

decoração aplicada, nem enfeites, nem metais preciosos para chamar a atenção — a menos, obviamente, que se considere que a cor seja o enfeite, e que a complexidade espacial seja análoga ao uso de madeiras de lei exóticas. E o mais instigante é que não havia sinais de conforto: nada de estofamento, almofadas nem detalhes supérfluos. A cadeira fora reduzida a seu esqueleto, um cruzamento de planos vivos de cor. À primeira vista, parece inteiramente instável, e dá a impressão de ser um objeto de finalidade duvidosa. Mobiliário é uma coisa; a Cadeira Vermelha e Azul, que tem o aspecto de um mecanismo através do qual o corpo humano foi enfiado como papel de jornal numa rotativa, parece outra.

Embora sua finalidade aparente não fosse nada mais instigante do que manter seu ocupante a uma altura adequada longe do solo, e fosse o produto das ferramentas mais básicas de marcenaria, sua existência parecia pressupor uma visão de mundo totalmente diferente. Implicava um novo contexto arquitetônico e uma nova forma de encarar o espaço, bem distante até dos contemporâneos de Rietveld mais progressistas. As máquinas patenteadas de Michael Thonet faziam um mobiliário que era mais avançado tecnicamente do que qualquer coisa que Rietveld pudesse produzir em sua oficina. Mas a Cadeira Vermelha e Azul sugeria que o design de mobiliário doméstico já não devia ser considerado uma questão de hábito e precedente, ou do reflexo de prestígio insinuado por tantas cadeiras.

Imagine o impacto de colocar um objeto desses, com o seu design, em quase qualquer casa contemporânea. Em 1917, pareceria um objeto vindo de outro universo. Mesmo agora, sua força pouco diminuiu. Comparada com uma locomotiva, uma aeronave ou um automóvel desenhados na mesma época, ela demonstra a diferença entre objetos mecânicos engenhosos que só poderiam ser produto do exato momento em que foram concebidos e um artefato que flutua livre de tempo e espaço. Sua geometria ainda transforma as características espaciais de qualquer interior em que se encontre, enquanto um Ford Modelo T, tão radical e inventivo em sua época, agora pareceria um fantasma frágil numa autoestrada.

A Cadeira Vermelha e Azul não tem menos força dramática do que uma tela do contemporâneo de Rietveld, Piet Mondrian. Ambos são produto de um momento particularmente profícuo no desenvolvimento da cultura do século XX. Rietveld disse na revista de Theo van Doesburg, *De Stijl*, a que ele e Mondrian eram ligados: "Nossas cadeiras se tornarão os verdadeiros artefatos abstratos dos interiores futuros." Tinha uma visão de um novo estilo de vida, e dos objetos que o ensejariam. Na casa que construiu e em que morou por um período com Truus Schröder-Schräder, em Utrecht, ele deu a esse mundo uma forma física inconfundível.

Os quadros de Mondrian equivaliam a uma planta daquela casa, e não apenas por causa do interesse em cores primárias que ele e Rietveld compartilhavam. Transmitem a impressão de espaço infinito e estrutura sincopada, embora rítmica, que está intimamente relacionada com as ideias de Rietveld. Mas será que os quadros de Mondrian dizem mais do que a casa, seu conteúdo e as vidas extraordinárias dos indivíduos que deram forma a essa construção — vidas que tiveram todos os vestígios obliterados agora que a casa foi transformada em apêndice de um museu, onde os visitantes recebem pantufas descartáveis como se estivessem transpondo um laboratório nuclear?

No final, apesar da excentricidade de sua forma e de sua estrutura, e apesar de todos os esforços do MoMA, a Cadeira Vermelha e Azul continua até certo ponto estigmatizada pelo fato de ser útil — mesmo que só um pouco —, ao contrário do quadro absolutamente inútil de Mondrian.

O contra-ataque frustrado à suposição de que o design não é tão importante quanto a arte se fundamentou na sugestão de que a arte foi marginalizada desde seus dias de glória como reflexo do poder do Estado e da fé religiosa. Uma sucessão de polemistas afirma que a cultura industrial agora ocupa a posição central que a arte deixou vaga.

Parafraseando Roland Barthes, Stephen Bayley, o primeiro diretor do Design Museum, costumava dizer que Michelangelo, se vivo fosse, hoje estaria desenhando carros para a Ford, em vez de perder seu tempo esculpindo túmulos de mármore. Trata-se de uma peça recorrente de retórica cuja origem pode ser localizada no crítico alemão do século XIX, que sugeriu que uma mesa Jugendstil, de Richard Riemerschmid, era superior às obras de Goethe — o que provocou a resposta maravilhosamente desdenhosa de que este era o comentário de um homem que entendia menos ainda de Goethe que de mesas. E, mesmo antes disso, o escultor americano Horatio Greenough falou da "beleza da finalidade transformada em forma". Em sua opinião, "Os homens que levaram o movimento a sua forma mais essencial, no iate *America*, estão hoje mais próximos de Atenas do que os que usam o templo grego para tudo". Frank Lloyd Wright disse mais ou menos a mesma coisa em 1901, em seu livro *The art and craft of the machine*: "Os motores de locomotiva, os motores de guerra, os navios a vapor tomam o lugar que as obras de arte antes ocupavam na história. Hoje temos um cientista ou um inventor no lugar de um Shakespeare ou de um Dante."

Diz-se sempre que a verdadeira arte do mundo moderno é a engenharia. Mas, na verdade, a verdadeira arte do mundo moderno acaba sendo a arte, que nunca foi mais poderosa do que é hoje. Os artistas se transformaram inesperadamente numa classe de xamãs, e conseguiram assimilar as técnicas da indústria para ajudá-los a fazer isso.

É precisamente a característica alquímica da arte que pode ainda ser responsável por transformá-la tão radicalmente quanto o advento da reprodução mecânica que tanto preocupava Walter Benjamin. A inédita explosão de riqueza que marca a primeira década do século XXI tirou a arte das mãos dos curadores e dos diretores de museu, até mesmo do controle dos marchands. Colecionar agora é uma atividade empreendida com o mesmo machismo implacável de um desafio da America's Cup, e a mesma determinação inflexível, pela mesma espécie de egocêntricos ultra-ambiciosos. Consequentemente, a arte contemporânea se tornou tão cara que só os museus e as galerias com enormes recursos financeiros podem comprá-la.

Em vez de ficarmos nos perguntando se o talento de Michelangelo é transferível para o desenho de carros compactos, talvez seja mais útil perguntar se Damien Hirst, com seu dom natural para descobrir o truque mágico da publicidade, mais parece o diretor criativo de uma agência de publicidade do que um artista. Certamente o processo, se não os objetivos, de fazer arte, está mais próximo do design e da fabricação. Um artista como Jeff Koons mantém um escritório de produção. Sua obra é descrita em especificações e plantas de construção que são implementadas pelos trabalhadores da linha de produção em sua oficina, ou despachadas para uma fábrica distante no leste da Alemanha, a milhares de quilômetros de seu centro de operações em Manhattan. Outros artistas vão até a China, seguindo a mesma lógica que conduz a industrialização para as economias do Extremo Oriente, onde se pagam salários baixos. A representação de Marc Quinn da artista Alison Lapper grávida no pedestal vazio da Trafalgar Square foi esculpida em mármore branco da Toscana por uma equipe que parecia ter aguçado suas habilidades um tanto mecânicas fazendo representações em grande escala do camarada Mao. Segundo Charlotte Higgins, do *The Guardian*, na mesma marmoraria em Pietrasanta era possível encontrar, lado a lado, representações de George Bush pai e de Saddam Hussein. Nessas circunstâncias, muitos dos critérios para o sucesso ou o fracasso de uma obra chegam muito perto dos valores dos quais o design depende. A qualidade da confecção, a habilidade com que as juntas são formadas e o caráter tátil da superfície são fundamentais para o impacto do objeto acabado. Trata-se de uma convergência que certamente já incitou alguns a tratar o design como se fosse arte. Ou, pelo menos, valorizá-lo como se fosse.

A arte, devido ao seu prestígio, é uma fonte de ideias visuais que se derrama em outras áreas criativas. O trabalho dos designers na década de 1950 se inspirava claramente na arte da época. Não há dúvida de que as joias e os móbiles de Alexander Calder tiveram um impacto no clima visual, criando um estado de espírito que consolidou os objetos produzidos no período.

Capítulo Cinco

Toaster

New, practical, outstanding, this print was made possible by a number of fresh ideas. The proof of the excellence of the toaster that inspired this work of art has been supplied by the results of severe endurance tests recently performed. The appliance was kept working for a total of 1458.3 hours (not counting brief periods for cooling). This was the time taken to toast 50 000 slices of bread. That is a pile of bread well over a quarter of a mile high.
Just how outstanding the design is can be proved by the fact that it has been included among the most attractive objects for everyday use exhibited at the New York Museum of Modern Art – the only automatic toaster in the world to achieve this honour.
White bread, black bread or even rye bread? Ask your friends and neighbours and they will tell you that toast is a first-class delicacy. It tastes good and has never been the cause of anyone losing their driving licence. It keeps you fit and your body needs it.

Printed on Saunders plain mould special printing s/o demi 80.5 lb/500 (complete with Marlerfilm and Marlerflex ink and applied metalized silver polyester) in an edition of 75.
Dimensions 25" wide, 35" high, image area 23" square.

Enquanto Warhol celebrava os valores da cultura pop americana, a obsessão de Richard Hamilton pelas atrações muito mais cerebrais exercidos pelos torradeiras e escovas de dentes Braun era mais sutil em sua interpretação do design.

Mas, ocasionalmente, a arte também passava a tratar de design — ou pelo menos de algo muito parecido. Depois de Duchamp se ter interessado pelo *ready-made*, mas antes de Warhol e Jeff Koons, Richard Hamilton estava transformando um produto quintessencial do pós-capitalismo esclarecido, a torradeira elétrica Braun, no tema de uma série de peças de arte. A arte e o design servem às vezes para se reforçar mutuamente. A celebração da arte pop da superfície do mundo de consumo serviu de espelho para certos designers e reabasteceu o tipo de objetos que haviam inspirado o trabalho artístico. Hamilton explorou a natureza da identidade corporativa e de arquétipos de produtos.

As tentativas mais estudadas de eliminar a distância entre arte e design raramente foram bem-sucedidas. Quando Naum Gabo foi chamado para desenhar um automóvel para um fabricante britânico, o carro ficou só no modelo. Isamu Noguchi, que projetou toda uma gama de luminárias de papel e uma mesa para a fábrica de móveis Knoll, bem como uma babá eletrônica de baquelita em forma de capacete de samurai, descobriu que sua escultura nunca foi plenamente aceita pelo mundo da arte, talvez porque ele ficara maculado pela utilidade. Para evitar que isso aconteça com eles, os artistas têm de recorrer a todo tipo de argumentos dogmáticos confusos quando começam a trabalhar como designers.

Donald Judd contornou o problema de definir onde termina a arte e começa o design com a pose que se esperaria de um artista conceitual. Declarou apenas que os dois eram totalmente diferentes, e que jamais se aproximam. Quando fazia móveis, ele era designer, e quando fazia arte, era artista, por mais superficialmente parecidos que fossem os dois produtos das duas categorias, ou por mais semelhantes que pudessem ser os processos envolvidos. Segundo a afirmação autoritária de Judd, eles não eram iguais, e não poderia haver discussão — assim como Michael Craig-Martin declarou com uma confiança inabalável que um copo de água era uma árvore, porque ele era um artista e disse que era. Francis Bacon, por outro lado, fez tudo o que pôde para minimizar o significado do mobiliário que desenhou antes de dedicar-se em tempo integral a pintar.

Capítulo Cinco

A escultura de Michael Craig-Martin, de 1973, parece ser um copo de água em cima de uma prateleira. Craig-Martin, porém, afirma que é, na verdade, um carvalho: um lembrete claro de que a arte tem suas raízes na magia e na religião.

Ninguém seguiu um caminho mais complexo e matizado entre arte e design, e entre utilidade e inutilidade, do que Andy Warhol. Quando entrou no ramo de calçados, nos anos 1980, Giuliana Benetton usou sua imagem sem vida de autoria de Warhol — da linha de produção de retratos de celebridades fáceis — como marca registrada. Isso trouxe Warhol ao ponto de partida. Trinta anos antes, ele andara ganhando bem como ilustrador, produzindo aos borbotões desenhos de traços finos representando calçados elegantes para anúncios e catálogos. Agora voltava a lojas de sapatos.

Nesse ínterim, Warhol se tornara o artista mais influente do mundo. Sua obra, assim afirmavam críticos partidários, nos mostrava uma novidade sobre arte na era da reprodução mecânica. Será que o fato de Warhol ter virado artista transformou sua marca registrada da Benetton em algo diferente de suas ilustrações elegantes? Ou era tudo blefe: seria o ceticismo inexpressivo de Warhol realmente uma fachada para algo mais superficial ainda? Podíamos todos amar Warhol porque ele era capaz de nos dizer alegremente o que sempre soube: que a arte moderna era um embuste. Mas os críticos nunca conseguiam ter muita certeza. Warhol, é claro, era filho de pais tchecos, naturais de um país que já não existe mais, cujo herói nacional era o Bom Soldado Schweik. Será que ele estava fazendo o papel de bobo sagrado como Schweik?

Não poderia haver um proprietário mais adequado para o enorme retrato de Mao Tsé-tung do que Charles Saatchi, uma figura tão ambígua quanto Warhol. Pois, se trata de algo, a obra de Warhol, como a empresa de publicidade de Saatchi, trata da manipulação de imagens poderosas. Saatchi é o gênio da publicidade moderna que não fala oficialmente, e que não se deixa fotografar. Será que tem o quadro de Mao por gostar do quadro ou por achar que a tela tem algo a dizer sobre o poder de imagens altamente carregadas, um tema que lhe é chegado? Ou está simplesmente esperando revendê-lo?

Fosse qual fosse a razão, para Warhol estaria tudo bem. Ele nunca dava para trás na hora de abordar as ligações íntimas entre cultura e comércio. Para além da ironia, ele era totalmente aberto

No início de sua carreira, Warhol era um talentoso ilustrador de moda. Só mais tarde se tornou artista, obtendo outro tipo de atenção e alcançando preços muito mais elevados. O fato de seu retrato de Giuliana Benetton ter acabado como o logotipo de uma série de sapatos é uma ironia que não pode ter sido involuntária.

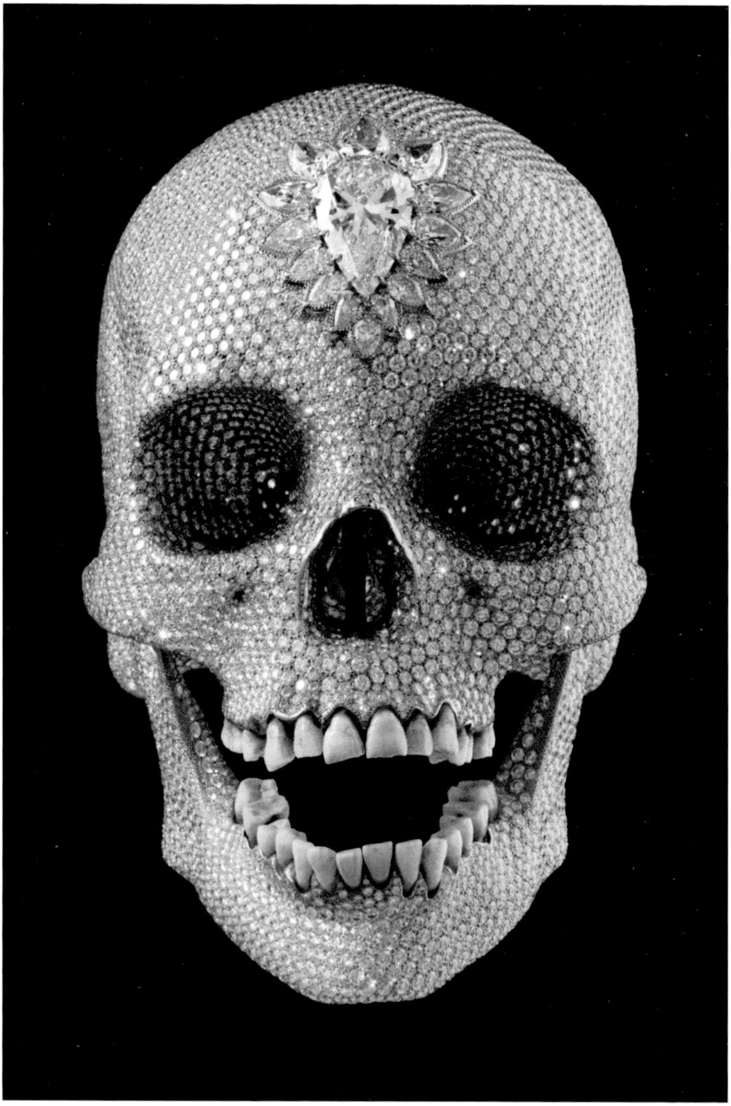

Com o instinto impiedoso de Damien Hirst para encontrar a veia jugular da publicidade, seu *For the Love of God* é uma resposta brilhantemente cética e manipuladora ao mictório de Duchamp.

a esse respeito. Sua revista, *Interview*, recuava diante de todas as formas de intervenção editorial. O estilo de seu jornalismo era apontar um gravador para alguém e transcrever o resultado. Não tinha vergonha de usar a revista para vender a ideia de encomendar um retrato de Warhol. Gastou toda a sua carreira explorando as contradições entre o fetichismo de imagens originais e sua reprodução mecânica. A despeito de suas intenções, ele terminou como um dos nomes de marca mais fortes, com uma plateia disposta a pagar pelo privilégio de possuir uma Polaroid Warhol, ou mesmo uma Xerox Warhol.

Warhol começou explorando os ícones da cultura pop e acabou se transformando num deles. Achava ótimo receber dinheiro de uma empresa de bebidas para produzir uma obra que apareceu em milhões de revistas embaixo da legenda em caixa-alta "Absolut Warhol". Na verdade, também endossou uma variedade de outros produtos, incluindo carros Pontiac, aparelhos de alta-fidelidade Pioneer e o banco de investimentos Drexel Burnham Lambert. A Campbell Soup Company, naturalmente, tinha os serviços dele de graça.

Em sua fase claramente comercial, Warhol só fazia garantir trabalho, vendendo seus serviços para as empresas que queriam usá-lo numa tentativa de modificar a visão que o mundo tinha delas ou de seus produtos. Poucos meses depois de sua morte, seu testamenteiro vendera os direitos ao nome Warhol numa escala que nem o artista conseguiu enquanto viveu. Mas ele começara com o projeto muito mais radical de mudar a forma como a arte era percebida explorando o poder de imagens comerciais banais.

Warhol conseguiu pegar o tema do design e transformá-lo em outra coisa — algo com um status muito diferente.

De uma perspectiva purista, dinheiro não deveria ter nada a ver com arte. O preço que uma obra de arte ou de design, ou mesmo uma casa, atinge num leilão não deveria ser uma medida de qualquer outra coisa além do talento do leiloeiro e do *marchand* para criar um mercado. Mas, para o bem ou para o mal, o preço contribui bastante para criar ou refletir um tipo de hierarquia cultural. Esse mesmo fenômeno é o tema de uma das obras mais notórias de Damien Hirst, *For the Love of God*. A caveira cravejada de diamantes de Hirst pode ser vista como uma inversão impertinente do mictório de Duchamp.

Na hierarquia dos preços, uma comparação inevitável é entre a venda de uma Cadeira Vermelha e Azul específica que Rietveld guardou para uso próprio e a venda da *Composição em branco, azul e amarelo: C*. A cadeira foi leiloada na Phillips, em Nova York, em 4 de dezembro de 2000, com estimativa de 150-200 mil dólares. A tela de Mondrian foi vendida pela Christie's, em 2003, por 8.071.500 dólares. O preço reflete o grau de liquidez de tais obras no mercado, bem como o precedente e a demanda. Tais telas se tornaram um dos símbolos que servem para resumir a natureza da cultura. São os acessórios essenciais que qualquer museu de arte do período moderno precisa colecionar. Quadros alcançam certo nível de preço. E cadeiras pertencem a uma categoria completamente diferente de objeto e preço porque, apesar de sua importância histórica, não gozam do mesmo status.

Em 2007, a Christie's em Amsterdã vendeu uma versão toda branca da Cadeira Vermelha e Azul que Rietveld fez em 1924 por 264 mil euros — bem acima da estimativa máxima de 80 mil euros. Se quiser uma Cadeira Vermelha e Azul em melhores condições, você pode conseguir uma saída da fábrica, cheirando a tinta fresca, por 2 mil dólares. É mais barato ainda se você não ligar para o selo de autenticidade que vem do fabricante italiano, Cassina, que afirma controlar os direitos da cadeira, tendo assinado um acordo com a neta de Rietveld em 1971.

Rietveld tinha interesse em criar uma nova abordagem mais acessível para o design e em suprimir a subjetividade do fabricante individual em favor de uma estética mecânica e, pelo menos a princípio, da produção em massa. Portanto é difícil dizer que versão está mais próxima de suas intenções originais para o objeto. A falta de clareza sobre a forma como tais objetos devem ser entendidos é agravada pela disposição dos museus especializados em design em exibir versões produzidas em massa. Nenhum museu cogitaria expor um pôster de Mondrian como substituto para uma pintura de Mondrian. Mas um museu de design tem menos interesse na ideia da originalidade. E no mundo da produção em massa, como pode haver algo que seja uma falsificação?

A conclusão inevitável é que os objetos que podem ser categorizados como obras de design de fato carregam o fardo da utilidade, e portanto são menos valorizados na hierarquia cultural do que a categoria essencialmente inútil de arte. Trata-se de uma visão que corrobora as conclusões de *A teoria da classe ociosa*, de Veblen, e seu conceito de consumo conspícuo. Os ociosos precisam se diferenciar daqueles que fazem as tarefas que eles consideram degradantes, e escolhem viver e se vestir de maneira que reflete claramente o fato de não precisarem trabalhar. Veblen descreve a adoção e o subsequente abandono do espartilho exatamente nos mesmos termos. Sendo quase impossível fazer trabalhos braçais usando espartilho, só as mulheres ricas que não trabalhavam podiam usá-los quando estes foram introduzidos como peça de roupa elegante. Mais tarde se vulgarizaram. Foram adotados pela classe média baixa como o uniforme domingueiro da respeitabilidade. E, em reação, aquelas que eram suficientemente seguras para desobedecer ou fazer pouco dos sinais exteriores de conformidade logo abandonaram o que se tornara um sinal dos valores convencionais.

Uma das ideias fundamentais do modernismo tal como aplicada ao design é que todos os objetos produzidos em massa de uma mesma série são idênticos entre si. Não têm, e de fato nem se pretendia que tivessem, a aura que Walter Benjamin descreveu como uma característica essencial da obra de arte. Em vez disso, oferecem outros consolos: o brilho mágico do feito à máquina e a ilusão de perfeição. Mas, apesar do que pretendia fazer e ser, a produção em massa pode rapidamente adotar características análogas às do trabalho artesanal. Os objetos produzidos em massa se diferenciam à medida que envelhecem, e com o passar do tempo começam a adquirir uma aura, a despeito das intenções de seus designers.

O preço, obviamente, pode tornar inútil um objeto útil. Um carro ou uma cadeira que, de artefato utilitário, passou a ser peça de colecionador, rapidamente pode se tornar muito valiosa para que se corra o risco de usá-la no dia a dia. Rolf Fehlbaum, que além de tocar uma das companhias moveleiras mais inovadoras da Europa é colecionador, menciona o paradoxo de as peças de mobiliário mais valorizadas de sua coleção serem um fracasso, os protótipos que nunca entraram em produção. Em outras palavras, o mais inútil do útil é o mais valioso. Podemos nos perguntar também por que os selos postais mais valiosos são os que têm a rainha Vitória impressa de cabeça para baixo, virada ao contrário, ou com a cor errada.

Uma comparação ainda mais sutil do que a discrepância de preços entre a tela de Mondrian e a cadeira de Rietveld é a diferença entre a estimativa máxima de 250 mil dólares para a Rietveld e os 968 mil dólares alcançados pela Sotheby's, em Nova York, em 14 de julho de 2006, por aquilo que a casa de leilões descreveu como o protótipo da Lockheed Lounge de Marc Newson, feita em 1986 e posta em leilão por um colecionador australiano anônimo. Foi um preço que certamente confirmou a inutilidade da Lounge.

Newson era mais jovem que Rietveld quando fez a peça — uma folha de alumínio rebitada envolvendo uma estrutura de fibra de vidro — na oficina de um fabricante de pranchas de surfe em Sydney. Ou ajudou a fazê-la. É impressionante, mas não poderia ser chamada de uma obra madura, à luz do que Newson passou a fazer depois. Nem terá o mesmo impacto histórico que teve a Cadeira Vermelha e Azul, exceto talvez pelo preço, e isso também foi uma criação cuidadosa e calculada.

Outra peça de Newson, uma cômoda Casulo, foi vendida na Sotheby's por 632 mil dólares em dezembro de 2006. No mesmo leilão, Ron Arad foi o único outro designer vivo a atingir uma cifra de seis dígitos, enquanto uma obra fundamental do bem-conceituado designer alemão Konstantin Grcic não chegou a 10 mil dólares, e um protótipo de Maarten van Severen, cuja morte prematura, seria de imaginar, colaboraria para elevar o preço, saiu por menos ainda.

Por que isso? Certamente o fato de que Ian Schrager, o inventor do hotel-butique, ter estacionado por uma década uma Lockheed Lounge no saguão do Hotel Paramount em Nova York não fez mal. Nem a aparição da Lockheed Lounge num dos vídeos musicais de Madonna. Isso é glamour por associação. Depois há o fato de que o nível de trabalho artesanal existente na peça de Newson é considerável. Vê-se que a Lounge foi feita numa oficina, e vê-se também que pertence a uma tradição que inclui Jacques Ruhlmann e Jean Prouvé, dois nomes cujas criações, das décadas de 1920 e 1950, respectivamente, já têm um histórico bem-estabelecido em leilões. Ambos são designers cujas obras ganharam outra vida, como peças de coleção depois de criadas, alcançando preços cada vez maiores.

E só há dez Lockheed Lounges no mundo, um número que pode deixar até os mais céticos aspirantes a comprador razoavelmente confiantes quanto à procedência do que estão comprando. Dez além da que a Sotheby's mencionava como prova do artista — um conceito novo para design de mobiliário —, mais o objeto em leilão, chamado de protótipo. A prova do artista poderia ser mais bem descrita como o ex-modelo de mostruário: a que já esteve um pouco ao sol e ganhou alguns arranhões. A apresentação do leiloeiro da Lounge nessas três categorias — protótipo, prova do artista e edição de dez exemplares — também parece sugerir uma hierarquia tripartite, refletindo escassez. O protótipo era raro o bastante para fazer o comprador anônimo pagar quase 1 milhão de dólares. E, segundo o *International Herald Tribune*, para tentar, sem sucesso, vendê-la apenas três meses depois por mais do dobro do preço que pagou.

O leilão de Newson marcou os primeiros estágios da criação de um novo tipo de mercado, e talvez um novo tipo de design. Foi algo parecido com o momento, nos anos 1980, em que a fotografia entrou nos museus e galerias e se tornou arte. Ou pelo menos a obra daqueles fotógrafos que por acaso eram representados por marchands entrou.

Quando criou a Lockheed Lounge, Newson fazia parte de um grupo de designers mais jovens batalhando para ganhar a vida, e

Capítulo Cinco

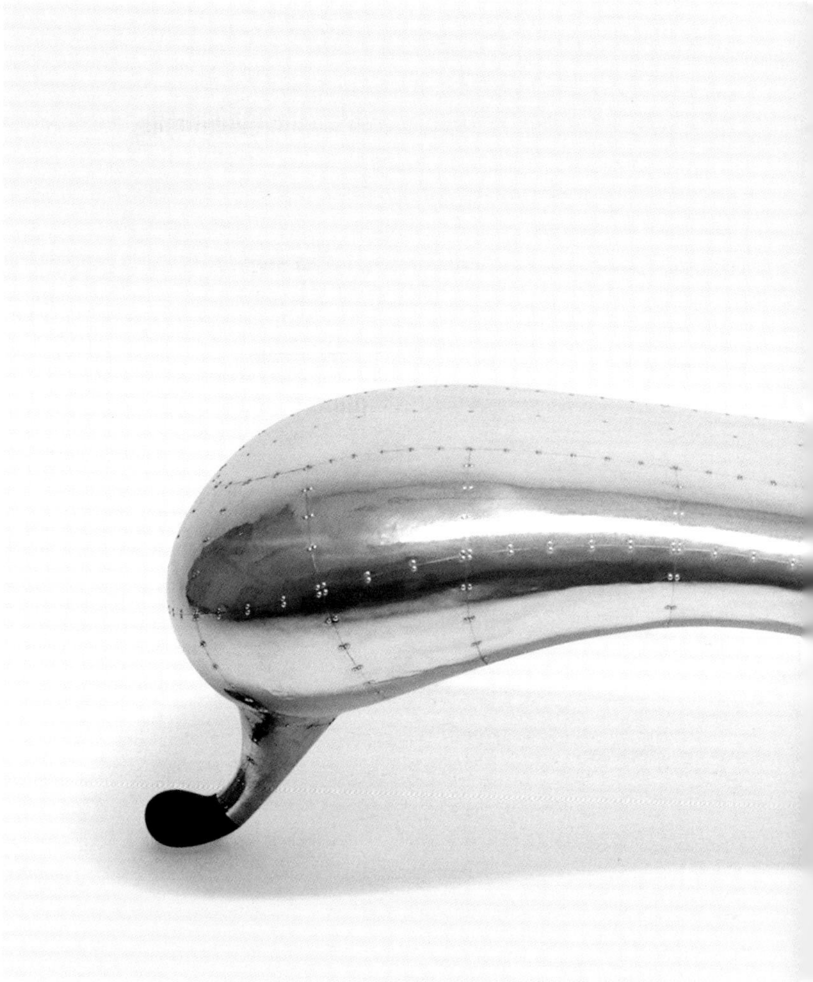

A sensibilidade australiana ensolarada da oficina de surfe de Marc Newson produziu a Lockheed Lounge nos anos 1980. Mas a peça só se estabeleceu como uma espécie de marco na história do design ao ser leiloada a um preço declarado de pouco menos de 1 milhão de dólares, valor muito maior que qualquer um já alcançado por Rietveld ou Mies, mais um tributo ao marketing das casas de leilão que qualquer outra coisa.

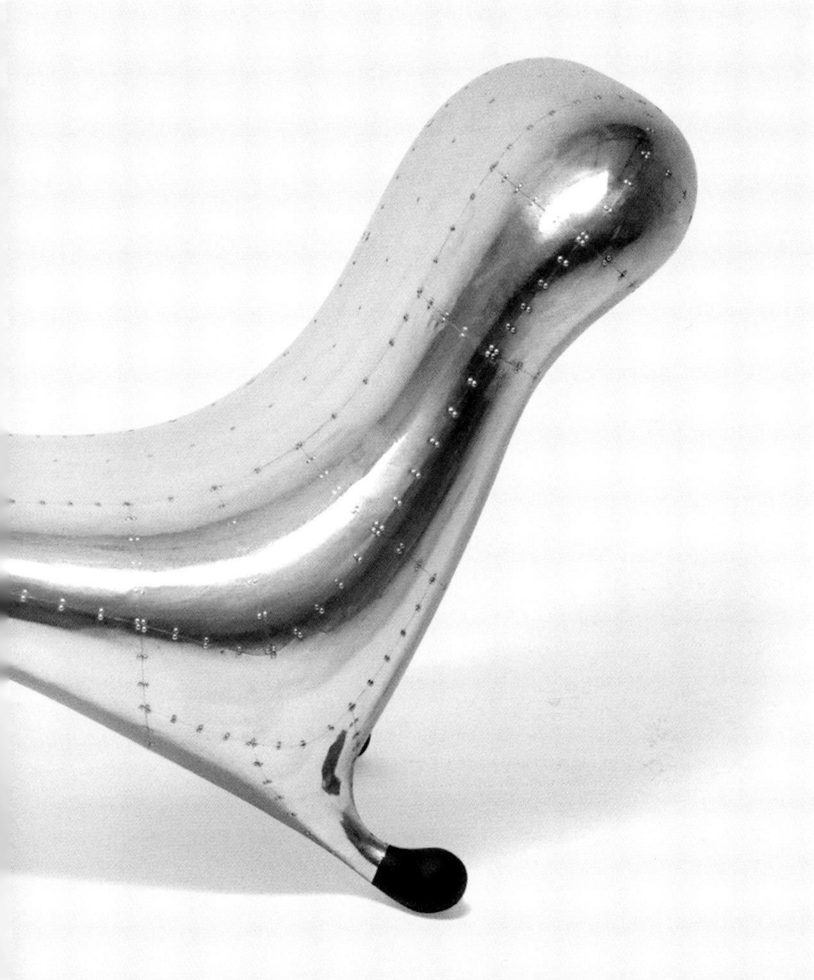

pouco havia que o destacasse dos demais. Em sua obra, há um toque de André Dubreuil e de um cruzamento entre as artes decorativas francesas e o hedonismo australiano. Além disso, o nome demonstrava certa nostalgia dos primórdios da aviação. (A arte recebe títulos, obviamente, não nomes.) Sua evocação das chapas de alumínio desgastadas do início da aviação comercial é impressionante. Mas Newson teve a sorte de ter tido sua obra da fase inicial divulgada por meio de fotografias de publicidade caras que um cliente dos primeiros tempos, uma companhia de mobiliário japonesa chamada Idée, encomendou e distribuiu para revistas de design no mundo. Newson também tinha um gosto conhecido por alternativas à modernidade convencional. Os Estados Unidos é que costumavam ser a obsessão dos designers. Não a de Newson. O caça em que ele foi passear tão logo teve recursos para tanto tinha uma bandeira russa pintada na cauda. Ele via os filmes de Tarkóvski tanto quanto os de Kubrick. Desenhou sapatos para a Nike, e os chamou de Zvezdochka. Havia mais que uma breve referência ao Trabant em seu protótipo para a Ford.

A obra de Newson é uma espécie de nostalgia da inocência da modernidade tal como era vista através dos olhos de uma sociedade desprovida de qualquer intenção de seduzir o consumidor, que ela tratava com desprezo. Ironicamente, as raízes do tipo de modernidade acridoce da era Khrushchev que Newson celebra estão na confiança americana no futuro que inspirou a geração anterior de designers.

Larry Gagosian, que fez as vezes de *marchand* para Newson, disse depois que o preço de 1 milhão de dólares da Lockheed Lounge foi o mais alto já pago pela obra de um designer vivo. Trata-se de uma afirmação difícil de conciliar com a etiqueta de preço de, digamos, um Airbus A380, que é muito benfeito e projetado, justamente por muitas pessoas — Newson concebeu uma cabine inteira para a Qantas, "até o faqueiro", mas o avião tem motores, sistemas eletrônicos, aerodinâmicos e de controle também. Ao contrário do curioso protótipo de aeronave criado por Newson, o Kelvin 40, feito para a Fundação Cartier, e mais tarde

Quando querem realçar sua imagem sem investir numa nova linha de produção, os fabricantes de automóveis encomendam carros-conceito que nunca são construídos, mas chamam muita atenção. Marc Newson fez uma especulação de qual seria o visual de um Ford se o Sputnik soviético fosse a última palavra em modernidade.

exibido no Design Museum, o A380 voa mesmo. A realização do sonho um tanto adolescente de Newson de um jato pessoal foi um objeto inútil que, para variar, foi muito menos valioso do que o muito útil Airbus. O Kelvin nunca pôde voar. Construído de alumínio e fibra de carbono, estava mais para instalação de arte do que desenho industrial. Não envolvia cálculos estruturais nem de consumo de combustível. Mas o fato de ter sido exposto na Fundação Cartier teve, sim, um papel importante no longo processo exigido para transformar Newson numa figura cuja obra podia ser vendida como se fosse arte.

Rietveld não teve um marchand como Gagosian para representá-lo. Enquanto viveu, seu trabalho nunca foi vendido como se ele fosse um artista. Mas é difícil argumentar que Newson seja uma figura mais importante. E certamente a obra de Rietveld tem um significado artístico-histórico maior.

Eileen Gray, Pierre Chareau e Jean Prouvé tiveram todos carreiras póstumas que passaram do ideal de design como meio democrático e acessível às salas de leilões e às galerias de colecionadores, onde a escassez faz subir os preços. Prouvé fez quase todo o seu mobiliário em grandes linhas de produção, e tocava a própria fábrica. Chareau trabalhava muito com metalúrgicos que faziam objetos que adotavam a retórica da produção em massa, mas usavam antes habilidades artesanais do que máquinas para moldá-los. Nos três casos, sua ideologia os apresenta como designers, porque eles tinham intenção de fazer preferivelmente objetos produzidos em massa a edições limitadas. Mas as cadeiras de metal dobrado que Prouvé fez e que pretendiam ser tão baratas quanto possível, para servir de assento a alunos em bibliotecas de universidades e departamentos do serviço público, se tornaram valiosas peças de colecionador. Quando ficaram valiosas, os *marchands* começaram a arrancá-las dos lugares para os quais foram projetadas e a transformá-las em preciosas antiguidades de exposição.

A arte cria uma linguagem à qual o design responde. O design também tem o seu papel na criação de um vocabulário visual que molda o que os artistas fazem. Mas, em última análise, é a capacidade crítica e de questionamento de um artista que justifica o que ele faz. Para um designer, fazer um objeto crítico é cuspir no prato em que come. Sem o comércio, o desenho industrial não pode existir. Mas agora temos uma geração que produz não só design que aspira a ser arte, mas até objetos industriais que também sugerem certo desligamento de considerações materialistas. Philippe Starck propõe que uma réplica folheada a ouro de um fuzil de assalto Kaláchnikov seja uma base adequada para uma luminária de mesa, e sugere, de modo um tanto velado, àqueles que questionam seu gosto, tratar-se de uma obra que pretende ser uma crítica.

Se isso for ironia, é uma ironia que provavelmente não é captada pelos senhores da guerra tchetchenos ou pelos chefões colombianos, que considerariam o objeto um acessório simpático para suas salas de estar.

Sendo o design em si produto do sistema industrial, em um determinado nível, a própria ideia de uma dimensão crítica no design, e a criação de objetos que se distanciam do sistema que os enseja, é uma proposta paradoxal. É como se uma campanha publicitária algum dia pudesse fazer uma crítica autêntica da ideia de propaganda — embora haja muita gente pronta para fazer uma tentativa.

Esse debate entre ideologia e utilidade é, em parte, um reflexo da tendência que os profissionais criativos procuram a fim de aumentar seu prestígio. A inutilidade é, ao que parece, a qualidade mais valorizada. Assim os designers aspiram a ser artistas.

Assim como a arte tantas vezes fala de si mesma, o design agora está ficando tão venerável que desenvolveu uma longa narrativa própria para falar do que lhe interessa. Quando começou a consolidar uma reputação, Ron Arad tornou o design o tema de seu trabalho, que, em si, se situava num ponto inespecífico entre arte e design. Mesmo quando veio à luz, em 1981, a Cadeira Rover de Arad nunca foi tão inocente quanto parecia. Com alguns pedaços de andaime industrial Kee Klamp, ele transformou um par de assentos resgatados de um automóvel britânico sóbrio mas imponente em novas

Ron Arad começou como designer garimpando em ferros-velhos componentes *ready-made* para a produção de mobiliário. Sua criatividade ilimitada o transformou tanto em artista quanto em designer, dando-lhe margem para voltar à Cadeira Rover, seu primeiro trabalho, e modificá-lo. A edição limitada, produzida em 2007, usa componentes industriais feitos especialmente para replicar o que ele só poderia ter reaproveitado no início da carreira.

A obra de Ron Arad é uma ponte entre a arte e o design; em geral, não na mesma peça, mas buscando carreiras paralelas na produção em massa e na criação de peças únicas.

cadeiras vendáveis. Essas montagens aparentemente curiosas estavam entre os primeiros produtos da carreira de Arad como designer.

Era o momento high-tech, e a estética do *as-found* ou *ready-made* combinava com o espírito da época. Os assentos de carro resgatados traziam um algo mais à mistura, pois havia um aspecto surreal em sua combinação com a armação, o que dava ao assento uma sensibilidade original. Outro horizonte em tudo diferente da Cadeira Rover era sua reprodução do projeto de Jean Prouvé para uma poltrona regulável.

A nova Cadeira Rover que Arad fez para a segunda edição da Vitra, 25 anos depois, é um trabalho igualmente sutil. A primeira Rover foi o que aconteceu quando ele tentou ser um desenhista industrial sem uma indústria, catando o que conseguia achar para criar uma aproximação do acabamento e da qualidade de um objeto industrial. A nova reflete uma mudança no equilíbrio de força. Arad agora tem a capacidade de trabalhar com o nível de investimento necessário para produzir objetos feitos industrialmente que assumiram o status de arte. Esta é a situação paradoxal de um design concebido como se juntasse o que havia de mais facilmente disponível, aceitando portanto a estética do *ready-made*, agora adotando o enfoque oposto. A nova versão é uma evocação da original, mas vista pelo prisma da produção industrial.

Mas aí o paradoxo está no âmago da obra de Arad. Ele foi convidado a projetar uma peça para a primeira Vitra Edition, em 1986. Acabou sendo a Well Tempered Chair, uma peça flexível de aço amarrada em curvas apertadas por uma série de borboletas. E foi, como me contou Ron Arad, um fracasso. "Fui confrontado com a produção em massa, e simplesmente não consegui pensar em como lidar com ela. A Well Tempered Chair não tem nada a ver com aquilo de que a Vitra é capaz. Foi uma peça única."

A nova edição limitada da Rover reflete a evolução do próprio Arad, e também do mundo do design. É um projeto feito com a intenção de olhar tanto para a produção industrial quanto para a edição limitada. Mas ambas as versões são uma espécie de sepultamento, ou desfecho, de um processo que começou há muito tempo.

O desafio com a nova Cadeira Rover, como pode ser dito de um novo Mini, é manter a essência do encanto peculiar do original, mas fazê-lo de uma forma moderna, que seja de sua época, e não uma paródia ou uma cópia.

Em sua versão industrial, a nova cadeira tem tubos de aço cuidadosamente moldados, e elegantes peças fundidas feitas sob medida em vez de conexões Kee Klamp toscas mas eficientes. Há duas versões da edição limitada. Uma é em aço Corten oxidado; a outra é em aço cromado. A nova Rover é diferente da original mas igual — ainda um objeto que está longe de ser inocente, apesar de seu encanto.

Tais obras de edição limitada ainda precisam ser bem digeridas pelo mundo convencional do design. Paola Antonelli, a curadora responsável por design do Museu de Arte Moderna, que montou a primeira exposição de Arad ali, sustenta que há algo questionável na concepção de design que não tenha pelo menos a ambição da produção em massa. Assim, para poder admitir Arad no museu, ela precisa detectar a intenção de a obra dele ser considerada design, de ser produzida em múltiplos.

Mas Arad se recusa a ser limitado dessa maneira. Em épocas distintas, mas também simultaneamente, ele trabalhou como designer e arquiteto e, é preciso que se diga, como artista. Antonelli não dá uma ideia de como pode julgar o que está acontecendo dentro da cabeça de Arad quando ela analisa uma peça. Estaria ele, apesar de todas as provas em contrário, de fato pretendendo fazer todas as suas cadeiras de aço recurvado para produção em massa? E se estivesse, como ela poderia saber?

Arad explorou como executar uma grande quantidade de coisas baratas, uma vez feito o investimento em ferramentas de produção, e também na fabricação de uma quantidade mínima de objetos muito caros. Estes precisam alcançar preços elevados para refletir o tempo de investimento dos artesãos profundamente talentosos de que dependem.

Arad é movido antes por ambição cultural do que por um modelo empresarial da forma que, por exemplo, James Dyson era quando descobriu o aspirador de pó como o veículo para impelir sua empresa. O aspirador era, reconheceu Dyson, o tipo de artigo de consumo que estava no ponto mais elevado da acessibilidade para o comprador médio antes que ele tivesse de pensar em crédito. Arad sobreviveu como designer inventando uma nova definição de design para si.

Vivemos numa época em que nossa relação com aquilo que possuímos está passando por uma transformação radical.

Desde que surgiu como profissão independente, o design é usado para manipular o desejo. Tratava da separação entre o configurar e o fazer. Mas com o aparecimento da obra de Marc Newson ou de Ron Arad em galerias de arte atravessou-se uma espécie de linha transgressiva. A ideologia do design está vinculada à solução de problemas. Agora nos oferecem uma categoria inteiramente diferente de objeto. Não é uma categoria que tenha probabilidade de, a curto prazo, fazer muito para mudar as posições relativas da arte e do design na hierarquia social. O que fará é alimentar o que pode ser uma explosão de curta duração de novas obras extravagantes.

Fontes das citações

Earnest Elmo Calkins usou pela primeira vez o termo "engenharia de consumo" numa palestra, depois escreveu um prefácio para *Consumer Engineering: A New Technique for Prosperity*, publicado em 1932.

Philippe Starck é um designer com um apetite incansável por autopromoção. A maioria das palavras a ele atribuídas neste livro vem ou de conversas com o autor, ou das numerosas entrevistas que concedeu ao longo do tempo a muitas revistas e jornais especializados, ou ainda de notas transcritas da trilha sonora que gravou para sua exposição monográfica no Centro Pompidou, em Paris, em 2001.

p. 9, Jean Baudrillard: de *The System of Objects*, traduzido por James Benedict, publicado pela Verso, em 2005. [Ed. brasileira *O sistema dos objetos*, São Paulo, Perspectiva, 1968.]

pp. 103-4, Thorstein Veblen: de *The Theory of the Leisure Class*, publicado pela primeira vez em 1899. [Ed. brasileira *A teoria da classe ociosa*, São Paulo, Abril Cultural, 1983.]

pp. 114, 116, Josef Hoffmann: o manifesto da Wiener Werkstätte, conhecido como o *Work Programme of the Wiener Werkstätte*, foi escrito por Josef Hoffmann com Koloman Moser em 1905. Está reproduzido em *Design in Vienna: Wiener Werkstätte 1903-32*, organizado por Werner Schweiger e publicado por Thames e Hudson em 1984.

pp. 141-4, Adolf Loos: a melhor fonte em inglês para os escritos de Adolf Loos são os dois volumes publicados pela Ariadne Press. *Ornament and Crime* (1997) [ed. portuguesa *Ornamento e crime*, Lisboa, Cotovia, 2004] tem o texto do ensaio do mesmo nome, que data de 1908 e recebeu várias formas, como palestra. O segundo volume, *On Architecture*, foi publicado em 2007.

pp. 168-9, Alan Bowness: tal como relatado por Stephen Bayley em *The Observer*. Numa entrevista subsequente com o autor, Bayley admitiu a possibilidade de não terem sido essas as palavras exatas usadas por Bowness.

p. 169, George Nelson: de "Both Fish and Fowl", o artigo de 1934 de George Nelson para a *Fortune*, que explorava sua visão do papel do designer nos anos da Depressão. Uma antologia dos escritos de Nelson foi publicada em 1957 com o título de *Problems of Design*.

p. 173, Arthur Drexler: de *Introduction to 20th Century Design*, publicado pelo MoMA em 1959.

p. 191, Gerrit Rietveld: o que viria a ser a Cadeira Vermelha e Azul de Rietveld foi publicada pela primeira vez no número de setembro de 1919 da revista *De Stijl*.

p. 192, Horatio Greenough: de *Form and Function: Remarks on Art*, uma antologia de escritos, publicada pela primeira vez em 1946, do escultor americano, que morreu em 1852.

p. 192, Frank Lloyd Wright: de "The Art and Craft of the Machine", uma palestra que Wright proferiu em várias ocasiões a partir de 1901. Há uma versão republicada em *America Builds*, organizado por Leland Roth e publicado pela Harper and Row em 1983.

Créditos das fotografias

Agradeço às pessoas físicas ou jurídicas relacionadas abaixo a permissão da reprodução de imagens:

p. 13 (*alto*) — copyright © Mauritius Images; pp. 13 (*embaixo*), 36 — copyright © Jennie Hills/ Penguin; p. 19 — copyright © Christie´s; pp. 22 (*alto* e *embaixo*), 67, 82, 99, 115 — copyright © V & A Images, Museu Victoria and Albert; p. 25 — copyright © Time & Life Pictures/Getty Images; p. 28 — copyright © Philippe Starck; p. 32 copyright © Frank Bohm; p. 33 — copyright © Penguin Books; pp. 38-9 — copyright © Plexi/ Photofest; p. 41 — copyright © Nick Waplington; p. 45 (*alto*) — copyright © Dennis Images/Richard Dredge; p. 45 (*embaixo*) — copyright © Motoring Picture Library; pp. 46-7, 158 — copyright © Bettmann/ CORBIS; pp. 48, 183, 185, 188 — copyright © The Museum of Modern Art, Nova York/ Scala, Florença; p. 55 — copyright © DK Images; p. 58 — copyright © Dennis Images/ John Colley; pp. 59, 78 — copyright © Science Museum/SSPL; p. 62 — copyright © British Motor Industry Heritage Trust; p. 68 — copyright © Interfoto/Hermann Historica GmbH; p. 69 — copyright © Car Photo Library; p. 72 (*alto*) — copyright © Paul Rapson/Alamy; p. 72 (*embaixo*) — copyright © Eye-Stock/ Alamy; p. 73 (*alto*) — copyright © Visions of America, LLC/Alamy; p. 73 (*embaixo*) — copyright © Kolvenbach/Alamy; p. 83 — copyright © Museu de Arte de Filadélfia/ CORBIS; pp.94, 106, 159 — copyright © Getty Images; p. 98 — copyright © Sotheby's p. 102 — copyright © United Artists/The Kobal Collection; p. 110 — copyright © The House Book, Mitchell Beazley and Conran & Partners, cortesia da imagem de V&A; p. 111 — copyright © Mark Lannihan/AP/PA Photos; p. 119 — copyright © Calvin Farley; p. 124 — copyright © Bentley Motors Limited; p. 125 — copyright © Drive Images/Alamy; p. 133 (*alto* e *embaixo*) — copyright © Richard Bryant/Arcaid; pp. 136, 139 (*alto* e *embaixo*) — Cortesia da imagem de The Advertising Archives; p. 137 — copyright © Rex Features; pp. 142-3 — cortesia de Galeria Monika Sprüth, Colônia/VG Bild-Kunst, Bonn/ DACS, Londres 2008; pp. 146-7 — copyright © Thomas Brown, pp. 152 (*alto*), 153 (*embaixo*) — copyright © coleção Hardy Blechman/cortesia de DPM ISBN 0-9543404-0-X; p. 152 (*embaixo*) copyright © Coleção Steve Grammont/cortesia de DPM ISBN 0-9543404-0-X; p. 153 (*alto*) copyright © Natick Soldier Center / cortesia de DPM ISBN 0-9543404-0-X; p. 156 — copyright © Andre Roberge; p. 161 — copyright © Michel Arnaud/CORBIS; p. 170 — copyright © Herdeiros de Marcel Duchamp/ADAGP, Paris e DACS, Londres 2008, cortesia da imagem de Tate Images; pp. 171, 196 — copyright © Fundação Andy Warhol/Corbis; p. 175 — copyright © James Leynse/Corbis; pp. 178-9 — copyright © Lamay Photo/Marc Newson Ltd, cortesia de Gagosian Gallery, Nova York; p. 182 — copyright © National Heritage Memorial Fund/V&A; p. 189 — copyright © 2008 Mondrian/Holtzman Trust c/o HCR International Warrenton, VA; p. 194 — copyright © Richard Hamilton, todos os direitos reservados , DACS 2008; p. 196 — copyright © Michael Craig-Martin; p. 198 — copyright © 2008 Fundação Andy Warhol para as Artes Visuais/Artists Rights Society (ARS), Nova York/ DACS, Londres. Cortesia da imagem de Benetton; p. 200 — copyright © Damien Hirst, todos os direitos reservados, DACS 2008; pp. 206-7 — copyright © Carin Katt/Marc Newson Ltd; p. 209 — copyright © Tom Vack/Marc Newson Ltd; pp. 212, 213 — copyright © Ron Arad Associates.

capa (*alto, à esquerda*) copyright © V&A Images, Museu Victoria and Albert; (*alto, à direita)* copyright © Alex Moulton Bicycles; (*acima do centro, à esquerda*) copyright © Carin Katt/ Marc Newson Ltd.; (*acima do centro, à direita*) copyright © Science Museum/ SSPL; (*centro*) copyright © Maserati; (*abaixo do centro, à esquerda*) copyright © The Museum of Modern Art, Nova York/Scala, Florença; (*embaixo, à esquerda*) copyright © Frank Bohm; (*embaixo, no centro*) — copyright © Sotheby´s; (*embaixo, à direita)* copyright © Jeff Koons

Índice

As referências a obras vêm em *itálico*.

Índice

1ª edição	ABRIL DE 2010
impressão	RR DONNELLEY
papel de miolo	COUCHÉ MAGNO SATIN 150G/M²
tipologia	SABON